语文教师小丛书

语文教师小丛书

文字学ABC

胡朴安 著

商務印書館
创于1897 The Commercial Press

图书在版编目(CIP)数据

文字学 ABC / 胡朴安著．—北京：商务印书馆，2017（2023.8 重印）
（语文教师小丛书）
ISBN 978－7－100－12996－1

Ⅰ.①文…　Ⅱ.①胡…　Ⅲ.①汉字—文字学—研究
Ⅳ.①H12

中国版本图书馆 CIP 数据核字(2017)第 040171 号

语文教师小丛书
文字学 ABC
胡朴安　著

商　务　印　书　馆　出　版
（北京王府井大街 36 号　邮政编码 100710）
商　务　印　书　馆　发　行
北　京　冠　中　印　刷　厂　印　刷
ISBN　978－7－100－12996－1

2017 年 7 月第 1 版　　　　开本 787×1092　1/32
2023 年 8 月北京第 3 次印刷　　印张 4 ⅞　插页 2

定价：38.00 元

出版说明

本馆历来重视教育，自 1897 年创立迄今，以“昌明教育，开启民智”为宗旨，始终肩负中国新教育出版重任，编辑出版中小学、大学各科教科书，教学参考书，师范用书，移译各国教育书籍，分类编纂，精益求精，尤为教育界所欢迎。

我们确信，无论时代潮流如何变迁，教师始终应当具备丰富的文化知识。语文学科具有基础性和综合性的特点，语文教师尤其需要广泛吸取各类有益的思想文化知识，充实自己的头脑。承载这类知识的图书品种十分丰富。那些为语文教师所公认的经典好书，蕴含着丰富的知识思想和学术价值，值得反复阅读。过去，这些书或以单行本印行，或收入其他丛书，从语文教师文化知识积累角度而言，难成系统，不便于收集和查考。为此，我们在广泛征求意见的基础上，从满足语文教师专业成长需要出发，选择语文教育相关领域中为学界所公认和熟知的大家经典，汇编成“语文教师小丛书”，陆续编辑，分辑印行，以期相得益彰，蔚为大观，既便于教师研读查考，又有利于文化积累。

晚清教育家张之洞说过，“读书宜有门径。泛滥无归，终身无得；得门而入，事半功倍”。愿这套丛书能够为语文教师指示一条读书的小径。希望海内外教育界、知识界、读书界给我们批评、建议，帮助我们把这套丛书出好。

商务印书馆编辑部

2017 年 1 月

胡朴安和他的《文字学 ABC》

王立军

在中国古代，研究文字、音韵、训诂的学问统称“小学”。传统“小学”的主要目标是服务于经典的解读，因而一直被视为经学的附庸。直到近代学者章太炎先生正式提出“语言文字之学”的名称[①]，才宣告了旧“小学”的终结和现代语言文字学的建立。作为语言文字学重要组成部分的文字学，也是从这个时候开始具有了相对独立的学科地位。

在 20 世纪初期，绝大多数学者仍然认为汉字学是综合研究字形、字义、字音的。如何仲英的《新著中国文字

① 章太炎《论语言文字之学》，《国粹学报》1906 年第 13 期，第 4—5 页。

学大纲》(1922)、贺凯的《中国文字学概要》(1932)、马宗霍的《文字学发凡》(1935)等，其主体部分都由“形篇”“音篇”“义篇”三部分组成。张世禄的《中国文字学概要》(1941)也强调要建立“完全的文字学”，要“把字书偏旁之学、训诂之学、音韵之学打成了一片，才可以得到中国文字的秘奥”[①]。这种形、音、义三分的格局，仍然带有浓厚的传统“小学”的味道，并没有突显文字学的独立价值。

1917年，北京大学开设的汉字学课仍包括形篇、义篇、音篇三部分。但是，形篇和义篇由朱宗莱讲授，而音篇则由钱玄同讲授,二人分别撰成《文字学形义篇》(1918)和《文字学音篇》(1918)讲义。这种把音篇跟形义篇分开的做法，后来被许多学者采用，形成一个新的文字学流派——形义派。如沈兼士20世纪20年代初在北京大学的讲义《文字形义学》、杨树达的《文字形义学》(1943)、高亨的《文字形义学概论》(1963)等。形义派可以视为“文字学由传统小学逐渐蜕变为科学文字学体系的过渡”。[②]

文字包含形、音、义三要素，但三者在文字中的位置

---

① 张世禄《中国文字学概要》，贵阳文通书局1941年版，第11页。

② 黄德宽、陈秉新《汉语文字学史》，安徽教育出版社2006年版，第249页。

并不是平行的。文字是记录语言的工具，文字的音、义来源于语言中的词，而形体才是属于文字自身的。基于对文字本质认识的逐渐清晰，另一个以研究形体为中心的文字学流派——主形派，也在这一时期随之而生。如吕思勉的《中国文字变迁考》(1926)、顾实的《中国文字学》(1926)、蒋善国的《中国文字之原始及构造》(1930)、容庚的《中国文字形篇》(1931)等。唐兰先生《中国文字学·前论》(1949)中的一段话，可以视为“主形派”的学术宣言：“我的文字学研究的对象，只限于形体，我不但不想把音韵学找回来，实际上，还得把训诂学送出去。……文字学本来就是字形学，不应该包括训诂和声韵。一个字的音和义虽然和字形有关系，但在本质上，它们是属于语言的。”[①]

胡朴安的这本《文字学 ABC》(1929)就是早期“形义派”的代表性著作。

胡朴安(1878—1947)，原名韫玉，字朴安，安徽省泾县人。民国时期著名国学大师，精通经学、小学，在《诗经》学、文字学、训诂学方面的贡献尤为突出。幼年饱受家学影响，喜读段玉裁《说文解字注》，且好自创怪诞解字之说，对此胡朴安在其《中国文字学史》自序中多

① 唐兰《中国文字学》，上海古籍出版社 2005 年版，第 9 页。

有自嘲。后受高人指点，方入文字学正途。曾先后任教于上海大学、持志大学、国民大学和群治大学等，主讲文字学课程。文字学方面的著作有《文字学ABC》《中国文字学史》，编有《文字学丛论》，著有《汉碑在文字学上之价值》《中国文字之发生与变迁》《从文字学上考见中国古代之声韵与语言》《文字学之价值》等论文。

其中，《文字学ABC》一书隶属于世界书局的“ABC丛书”，是一本介绍文字学基础知识的普及性读物，是典型的“大家小书”。按照丛书发刊旨趣所描述的，该丛书是要为大中学生提供一套有系统的优良的教科书或参考书，给读者提供通俗的大学教育和新知识的泉源，并且力图使青年们阅读时不会感到一点儿的疲倦，于极经济的时间内收到很大的效果。单从《文字学ABC》这本书来说，确实做到了这一点。胡朴安身为国学大师，饱读诗书，学问极为渊博，从他的《中国文字学史》所引用材料之丰富、阐释之深刻，即可看出他在文字学方面的深厚造诣。他能放下身段写作《文字学ABC》，已是难能可贵；又能对这本小书倾注心力，精心设计，以极为通俗生动的语言，将深奥的文字学原理阐释得如此浅近清晰，更是堪为称道。例如，字的读音问题，本是最复杂的，初学者往往望其艰涩而却步。但在胡朴安看来，却是“本极简单”的。他在上篇第二章讲解字音的原起时，用小孩儿的哭笑呼喊做比喻，让晦涩难懂的音韵原理变得鲜活生动。他说：现在文字复杂的声韵，都是由言语复杂的声音而来；言语复杂的声韵，都是由自然简单的声韵而来。比如小孩初生时只有哭声，哭声是最自然最简单的，是纯由喉部发出的。《说文》的“喤”是小儿哭声，是深喉音；“呱”是小儿啼声，是浅喉音。由哭到笑，笑也是喉音。《说文》的“咳”是小儿笑，是深喉音。由喉音加上唇的作用，便有爸爸妈妈一类的称呼；由喉音加上舌的动作，便有哥哥弟弟一类的称呼。这些字音，完全是自然的。胡朴安用日常生活中一连串通俗的比喻，让读者觉得那些原本陌生的音韵，变得亲切起来。

《文字学 ABC》全书分上、中、下三篇。上篇主要讲文字的源流，包括文字通论、文字形音义的原起，以及文字的变迁、废弃和增加。对甲骨文、古文、篆文、隶书这些汉字发展的重要阶段，都做了简要的说明。中篇主要讲六书的条例，包括六书通论及各书的说解。对每一书都能条分缕析，结合具体的例字，说明其正例和变例。下篇是研究文字学的书目，相当于一个简明的文字学研究小史。如果将这一部分与他的《中国文字学史》对照着看，就会发现作者博而能约的出色能力。非卓然大家，不能有此等删繁就简、驾轻就熟之功力。全书虽不足 5 万字，文字学的重要内容都已经涵盖其中了。读者只需一日工夫，文字学的概貌就可以了然于胸了。

更为值得称道的是，该书虽然写作于 1928 年，但现在读来并无任何过时之感。书中的一些主要观点，今天仍然有重要的参考价值。例如，该书开卷便开宗明义地说："文字是替代言语的符号，因文字的创造，是由言语而来。"正是因为对文字的性质有如此清醒的认识，作者在全书的内容安排上采用了当时"主形派"的学术理念，以汉字的历史演变和结构原理为主线，而不是形音义三分或者形义并重。而且作者一方面强调研究文字要以形体为核心，另一方面也并没有忽视汉字形音义之间的内部联系："文字是合形、音、义三个要素组成的；我们识字是从形辨音，从音析义；古人制字却是从音定义，从义定形。""没有文字，先有言语；没有言语，先有声韵。""文字既是替代言语，字义的原起，当然与声韵有关系。""《说文》中的文字，都是形由义生，义由形起。"这些关于文字的性质及形音义关系的论述，即使在今天看来，也仍然是深刻的。反而是现在的一些学者，在这些问题上却产生了模糊的认识，竟认为文字是可以独立于言语而存在的，是可以直接记录人的思维的。与胡朴安先生的观念相比，这无疑是一种倒退。

再如，关于文字随语言的发展而孳乳分化的现象，清代学者的主流观点是排斥的。如朱骏声认为，“府”由藏文书的地方辗转引申为脏腑，后用孳乳字“腑”表示；“张”由张设弓弦辗转引申为肿胀，后用孳乳字“胀”表示。这些为引申义而造的“腑”“胀”诸字，都是“后世之俗书”，是不应该产生的。对此，胡朴安提出了科学的观点：“人类文明，由简陋到精密；文字也由少而多。”他认为，上古时候人们的知识比较简单，对事物的辨别能力也比较弱，看见一棵树，只知道是一棵树，不能辨别它是松树还是柏树，所以初造文字时，关于树就只有一个“木”字，现在从“木”的字有四百多个，都是后来增加的。他还说：“形的变迁，计有两种：……古时没有，后人逐渐增加的：此种增加的文字，学者都以为俗字；其实是文字发达自然的变迁。例如古时‘夫’‘容’二字，现在写做‘芙’‘蓉’；古时‘昆’‘仑’二字，现在写做‘崑崙’。这‘芙’‘蓉’‘崑’‘崙’四字，实在不可叫做俗字。”的确，文字的发展是一个逐渐累积的过程。最初人们对事物的认识比较简单，言语也就没有那么复杂，需要的文字也就相应较少。后来随着人们认识的逐渐丰富，语言中的词汇日渐增多，旧词不断派生出新词，原有的文字也就发生相应的孳乳演变，产生新字。这是语言发展的必然要求，是文字的工具性质所决定的。清代学者为了追求字词关系的简单明了而反对使用后代孳乳字，违背了语言文字发展的基本规律。胡朴安的观点则代表了民国时期关于这一问题认识的新高度。

关于文字随社会的发展而不断废弃的问题，胡朴安也有精彩的论述："文字是时代的产物；文字的作用，是纪录事物，替代言语；时代是息息演进的，事物和言语，也是随着时代的演进而变化；文字当然也要随着事物和言语的变化而增加废弃。社会上没有这件事物，没有这句言语，便不必有这文字；所以《说文》九千三百五十三文，现在应当废弃的，有二分之一以上。"胡朴安将文字分为死、活两种，认为活的文字才是日常通用的，而死的文字只需供给专门学者参考。这种观点对于指导我们今天的汉字规范工作很有启发。在界定某一时代的汉字系统时，只能包括那个时代实际应用的汉字，而不是那个时代所存留的所有汉字总和。如仅《汉语大字典》所收"网"的15种不同写法中，只有"网"字可以在现代汉语通用层面使用。除"網"字可以在繁体字文本中作为正字使用外，其他写法都属于历代累积下来的古文籀文的转写字、俗字及讹字，这些字形在现代汉语通用层面是毫无价值的。对当代汉字系统进行优化，应该首先排除这些历史上积淀下来的死字、废字，而不能将不同历史层面积淀下来的汉字字形不加区分地堆积在一起。这正如胡朴安所特别强调的："文字在于应用，不必把脑经当作字典。"

当然，囿于时代和材料的因素，胡朴安的观点也有值得商榷之处。如将词义的引申也归入"假借正例"，认为"'理'本为攻玉的理字，假借为义理的理字""'道'本为道路的道字，假借为道德的道字"，混淆了本无其字的假借和一字兼表数义的引申之间的界限。再如，胡朴安过度强调"声是义的根本"，认为"凡字声之所在，即是义之所在；无论什么字，但举右旁的声，不必再举左旁的形"，这种说法明显带有传统"右文说"的痕迹。不过瑕不掩瑜，《文字学ABC》总体上仍可谓普及性读物中的上乘之作，其通俗易懂、简洁明晰的写作特点以及较高的学术品位，一定能给读者带来知识的营养和阅读的享受。

对于中小学语文教师来说，这本书也很有参考价值。汉字是中华文化的载体，汉字教学也就必然成为语文教学的基础内容。著名语文教育家张志公先生曾经说："'字'是学好汉语汉文的第一关。这是个大关。过不了这关，提高语文程度很困难；过了这一关，提高就比较容易"。[1]汉

① 张志公《漫谈语文教学》，福建人民教育出版社1963年版，第5页。

字能力是学生必须具备的最根本的语文素养，其重要性不只是表现在基础教育阶段的识字教学中，而是表现在阅读、写作以至整个语文教学的全过程。作为表意文字的汉字，其形体和意义之间存在十分密切的联系。由字形出发，可以抓住一个词的本义，进而系联其引申义，使得词义的系统性得以很好地呈现，让语文教学中的词汇教学变得有序可循，从而收到事半功倍的效果，进而有效促进阅读和写作等语文综合素质的提高。而且，早期汉字的象形性，使得汉字既具有优美灵动的外部形体，又具有丰富的文化内涵，如能充分利用汉字独特的文化和审美魅力，可以很好地提高语文教学的趣味性和生动性。因此，汉字教学确实是语文教学的基石。胡朴安的这本小书，对汉字的基本概念、汉字的形音义关系、六书的基本原理等文字学基础知识，以及汉字发展的历史和基本规律，都有简要的介绍，而且善于通过具体的例字去分析问题，通俗易懂，深入浅出，非常适合中小学语文教师作为案头常备的教学参考书。

2016 年 10 月写于京师园

目　录

上编　文字源流

中编　六书条例

下编　研究书目

序

我这一本文字学，上篇是在持志大学讲授过一次，现在加了一遍修改。大概从文字的原起，说到文字的变迁。虽不见得十二分详细，而甲文古文篆文隶书等，几个重要的问题，皆有相当的说明。中篇是在国民大学讲授过二次，又在上海大学、群治大学各讲授过一次，又加了一遍修改；在持志大学讲授过一次，现在又加了一遍修改。大概关于六书的条例，皆有浅显的说明。下篇是研究文字学的书目。大概将目睹的书，略记其内容与版本，并稍加批评，便研究文字学的人有一个门径。我这本《文字学》，并无新奇可喜的议论，但自信可为研究文字者入门的书。

民国十八年二月五日泾县胡朴安记

上编　文字源流

第一章　文字通论

一　文字原始

文字是替代言语的符号，因文字的创造，是由言语而来；但是未创造文字以前，替代言语的符号，已有画卦和结绳两种。许叔重叙《说文解字》说："古者庖牺氏之王天下也，仰则观象于天，俯则观法于地；视鸟兽之文与地之宜；近取诸身，远取诸物；于是始作易八卦，以垂宪象。及神农氏结绳为治，而统其事，庶业其繁，饰伪萌生；黄帝之史官仓颉，见鸟兽蹄迒之迹，知分理之可以相别异也；初造书契，百官以乂，万品以察。"可见未创造文字以前，已有画卦、结绳的符号了。据许叔重的这一段话看来，大概庖牺时是画卦；神农时是结绳；黄帝时初造文字。这种考证，根据《易经·系辞》的，是比较可信。但是黄帝的史官仓颉，虽能创造文字，而同时造文字的人，必不止仓颉一个。卫恒《四体书势》说：“昔在黄帝，创制造物；有沮诵，仓颉者，始作书契。”可见黄帝时作书契者，已经有沮诵、仓颉两个人了。其实文字在未整理以前，是极混杂的；创制的，决不是一两个所谓圣人。由简而繁，由分歧而统一，实是自然的趋势，不过溯原其始，大概在于黄帝时代罢了。

二 文字称谓

怎么叫做“文”？《说文》：“‘文’错（原书为“逪”）画也，象交文。”《考工记》：“青与赤谓之‘文’。”《易·系辞》：“物相杂故曰‘文’。”都是交错的意义。因物不交错，必不能成文，文之形为，即是交错的形象。“文”的定义，便是许叔重所讲的“依类象形谓之‘文’”。也即郑渔仲所讲的“独体为‘文’”。

怎么叫做“字”？《说文》：“‘字’乳也，从子在宀下。”“字”本乳字的解说；引申为抚字的解说；也引申为文字的解说。所以引申为文字底解说的缘故，便是合二文三文以至多数文而成一字，由孳乳而浸多的意义。“字”的定义，即是许叔重所讲的“形声相益谓之‘字’”。也即是郑渔仲所讲的“合体为‘字’”。

“文”“字”的名称，很不统一，古时文字统称为“名”，如《仪礼》:“百‘名’以上书于策，不及百‘名’书于方。”或统称为“文”，如《礼记·中庸》:“书同‘文’。”汉时称“字”，或“文字”并称，或亦单称“文”，观《说文解字》一书可知。自《字林》名书以后，“字”便成为专称了。

三　文字功用

文字是随着智识而产生，亦随着智识而进步。文字的功用，大概可分为三种：

（甲）记录事物：古代的事物，能够见于今；今日的事物，能够垂于后；这便是历史的萌芽。

（乙）抒写情感：由喜怒哀乐的情感，发为笑号悲欢的声音；本自然的声音，成为有意识的声音，叫做语言；本语言的声音，成为有形迹的符号，叫做文字；有文字以记录情感，然后人与人的感情始通；这便是文艺的萌芽。

（丙）记述思想：由过去的观念，而产生未来的思想；由经验产生归纳、演绎、类推的思想；将这种思想，用文字记述，便是一切学术的萌芽。

这三点功用上看来，文字的发明，可以说是一切文化的原始了。

四 形音义的变迁

文字是合形、音、义三个要素组成的；我们识字是从形辨音，从音析义；古人制字却是从音定义，从义定形。现在分别叙述它的变迁于下：

（甲）形：形的变迁，计有两种：（一）普通的：例如从古文变为篆文；从篆文变为隶书；从隶书变为草书和真书；这是人人都知道的。（二）特别的：又可分为两类：（子）古时没有，后人逐渐增加的：此种增加的文字，学者都以为俗字；其实是文字发达自然的变迁。例如古时“夫”“容”二字，现在写做“芙”“蓉”；古时“昆”“侖”二字，现在写做“崑崙”。这“芙”“蓉”“崑”“崙”四字，实在不可叫做俗字；只因古时字少，往往假借用字；到后来当然加“艸”加“山”，以为分别。此种增加，不仅后起的文字如是；《颂敦》上的“禄”字，《父辛爵》上的“福”字，都是无示旁，作“录”作“畐”，这便是前例。（丑）古时所用，后人已废弃的：例如用“深”字替代“突”；“突”字废弃了，连“深”字的意义也废弃了。用“率”字替代“逹”；“逹”字废弃了，连“率”字的意义也废弃了。这种因假借而废弃的文字，极多，此处不必多讲。总括起来，这（一）（二）两种关于文字形的变迁，大可以供我们研究。

（乙）音：音的变迁，大概可分五个时期：（一）三代；（二）汉、魏、六朝；（三）隋、唐、宋；（四）元、明、清；（五）现代。再概括去分，隋唐以前叫做古音；隋唐以后，叫做今音。换句话讲：没有韵书以前叫做古音；有了韵书以后，叫做今音。《切韵》一书，是隋朝陆法言编的，即今日《广韵》蓝本，所以古今音的分界，以隋唐为界。

普通人每言读书用古音，说话用今音；其实适相反对，例如"䂀"字我乡读书作"根"，说话作"冈"。"蚊"字读书作"文"，说话作"门"。"冈""门"是古音；"根""文"是今音。这是因读书照韵书，说话却沿着古音，没有变更。大概南方的言语，没有变更的尚多；所以我们要研究文字的音，不仅根据历代的韵书；研究现代的言语，是最重要的。

（丙）义：义的变迁，也有两种：（一）历史的：例如六经字义、周秦诸子字义、汉人诂经字义、宋人诂经字义、元人词曲小说字义。（二）本声的：便是中国文字假借的作用。中国文字，很少一个字一个意义的，多的一个字，有十几个意义；少的一个字，也有两三个意义。有用本义的；有用借义的；有用展转相借的；有用沿古误用的。我们研究文字的义，关于本有其字而假借的，当知本字与借字的分别。关于本无其字而假借的，当知借义为本义的引申。至于沿古误用的，也应该寻出致误的原因。这是我们研究文字义的方法，最当注意的。

第二章　字音的原起

一　自然的音

没有文字，先有言语；没有言语，先有声韵。一切声韵，都是由喉而发，也是由喉而收，本极简单。声的进步，由深喉到浅喉（即牙声），到舌、到齿、到唇，声的变化便多了；又有发声、送气、收声的分别；又有清声、浊声的分别；声的变化更多了。由声而收，只有一韵，转而为平、上、去、入，韵的变化便多了；又有开口、合口、齐齿、撮口，韵的变化更多了。由简单的声音，变为复杂的声音——言语；由复杂的声韵，变为有形迹的文字。现在文字复杂的声韵，都是由言语复杂的声音而来；言语复杂的声韵，都是由自然简单的声韵而来。试用小孩证明：小孩初生，只有哭声，哭声是最自然最简单的；其声纯由喉发。《说文》:“喤”小儿哭声,“呱”小儿啼声。“喤”是深喉声,匣母;“呱”是浅喉声,见母。由哭到笑,笑也是喉声。《说文》:“咳”小儿笑也,“咳”是深喉声,匣母。由喉声经唇的作用,便有爸爸妈妈一类的称呼;由喉声调于舌,便有哥哥弟弟一类的称呼。(哥本浅喉声,见母,调于舌如多,为舌头声,端母。弟本舌头声,定母,今人有读作舌上声,乃读音的流变。)这些字音,完全是自然的。《说文解字》中关于自然音的字极多,大概都是呼吸、呕吐、哭笑、歌咏,和表现惊、惧、愁、怒一类的字,现在略记数例于下:

“哑”笑也:从口,亚声,于革切。——属于笑的。

“喷”吒也:从口,贲声,普魂切。——属于怒的。

“吁”惊也:从口,于声,况于切。——属于惊的。

“哓”惧声也:从口,尧声,许幺切。——属于惧的。

“嘅”叹也:从口,既声,苦盖切。——属于叹的。

“警”痛呼也:从言,敫声,古吊切。——属于呼号的。

“嘑”号也:从口,虖声,荒乌切。——属于呼号的。

“哷”食辛哷也:从口,乐声,火沃切。——属于饮食的。

“嗗”口满食:从口,窡声,丁滑切。——属于饮食的。

“讴”齐歌也:从言,区声,乌侯切。——属于歌咏的。

“詠”歌也：从言，永声，为命切。——属于歌咏的。

“呼”外息也：从口，乎声，荒乌切。——属于呼吸的。

“吸”内息也：从口，及声，许及切。——属于呼吸的。

“欧”吐也：从欠，区声，乌后切。——属于吐欧的。

“吐”写也：从口，土声，他土切。——属于吐欧的。

以上所举，都是人类生理上或心理上自然的一种声韵表见；由这种自然的音，变为言语的音；再变为文字的音；所以自然的音，为字音最初的原起。

二　效物的音

言语的声韵，除自然的外；便是模仿物的声音，替物起名字。安吉张行孚说：“古人造字之始，即以字形象物之形，即以字音象物之声。”这两句话，很可以表明古人造字命名的原则。现在略记数例于下：

“馬”怒也，武也：象马毛尾四足之形，莫下切。——属于动物的名词。

“乌”孝乌也：象形，哀都切。——属于动物的名词。

“木”冒也：冒地而生，从屮，下象其根，莫卜切。——属于植物的名词。

“金”五色金也：从土，左右注象金在土中形，今声，居音切。——属于矿物的名词。

“鐘”乐也：从金，童声，职容切。——属于人造器具的名词。

“牟”牛鸣也：从牛，象其声气从口出，莫浮切。——属于动物的动词。

“喔”鸡声也：从口，屋声，於角切。——属于动物的疏状词。

“𣎵”草本盛𣎵𣎵然：象形，八声，普活切。——属于植物的形容词。

“硠”石声：从石，良声，鲁当切。——属于矿物的疏状词。

“彭”鼓声也：从壴，从彡，薄庚切。——属于器具的疏状词。

上面所举的，都是模仿物音的字音。模仿物音的条例，大概有三项：（甲）模仿物音的音：如上面所举便是。（乙）模仿物形的音：例如“日”实也：日形圆实，即呼为“日”；“日”“实”音同。又如“川”穿也：象水流毌穿，即呼为“川”；“川”“穿”音同。（丙）模仿物义的音：例如“葬”臧也：言臧尸于草中，即呼为“葬”；“葬”“臧”音同。“户”护也：户为保护室家，即呼为“户”；“户”“护”音同。据此，可见古人制字音，都是有根据的；同义的字，往往同音，便是这个缘故。

第三章　字义的原起

一　义起于音

文字既是替代言语，字义的原起，当然与声韵有关系；所以古时用字，只用右旁的音，不必有左旁的形。例如《诗经·兔罝》："公侯干城。""干"即是"扞"字。《芄兰》："能不我甲。""甲"即是"狎"字。又如《说文解字》"臤"下说："古文以为'賢'字。""丂（原书为"了"）"下说："古文以为'巧'字。"后来智识进步，才加左（原书为"右"）旁的形，以为分别："扞"从手，干声；"狎"从犬，甲声；"賢"从貝，臤声；"巧"从工，丂声。虽形有区别，而义的由来，仍然与音有关。例如"仲""衷""忠"三字，都从"中"得声，都有"中"的意义。"諄""憞""醇""皽"四字，都从"摹"得声，都有"摹"的意义。

其尤为明白易见的，“禷”下云：“以事類祭天神；从示，類声。”“類”即是义。“祀”下说：“祭无已也；从示，已声。”“已”即是义。可见凡字声之所在，即是义之所在；无论什么字，但举右旁的声，不必再举左旁的形。懂声韵的人，可以因声以知义；因声是义的根本。现在略举数例于下：

凡字从“侖”得声的，都有条理分析的意义。

凡字从“尧”得声的，都有崇高长大的意义。

凡字从“小”得声的，都有微杪细小的意义。

凡字从“音”得声的，都有深暗幽邃的意义。

凡字从“凶”得声的，都有凶恶勇猛的意义。

凡字从“冘”得声的，都有深沉阴险的意义。

凡字从“齐”得声的，都有均平整齐的意义。

凡字从“勹”得声的，都有包括满实的意义。

凡字从“句”得声的，都有屈曲句折的意义。

现在再将“侖”字一条的例，举在下面，其余从略。

“侖”《说文》：“思也；从亼冊、会意；冊犹典也。”亼思在冊上，便是思想有条理分析的意义。

“論”《论语集解》：“理也；次也”，这是言语有条理分析的。

“倫”《孟子》：“察于人倫。”注：“序也。”这是人事有条理分析的。

"棆"《尔雅·释木》："棆无疵。"这是木有条理分析的。

"沦"《说文》："小波为沦。"《诗经·伐檀》："河水清且沦猗。"《传》："小风水成文，转如轮也。"这是水有条理分析的。

"掄"《说文》："择也。"《广雅》："掄贯也。"贯是有次序的意思；这也是人事有条理分析的。

"纶"《说文》："青丝绶也。"这是丝有条理分析的。

"输"《说文》："车输也：有辐曰输；无辐曰辁。"辐的排列有次序的叫做输；这是车有条理分析的。

在这"侖"字一条看来，我们便可明白音和义的关系了。

再从上面所举的各例看起来，可以证明文字的原始，是用声区别，不是用形区别。因古时字少，不能每一件事物都有文字，便将同声韵的字，引申借用；后来虽然加了偏旁，用形为义的标准，但是声韵与意义的关系，仍旧可以推寻得出来。

二　义起于形

文化日渐发达，事物日渐繁多，仅用声韵，不能够区别；因此将右旁的声，再加左旁的形；进一步将形的区别，来代替声的区别。例如上节所举的“仲”“衷”“忠”三字，虽都有中的意义；但是“仲”是“人”的中；“衷”是“衣”的中；“忠”是“心”的中；可见声虽是义的纲领，而形却是义的区别，倘使没有标出形，便不能明了“中”是什么中了。古人讲义起于形的很多，现在姑且举一则在下面为例：

沈括《梦溪笔谈》：“王圣美治字学，演其义为右文；古之字书，皆从左文，凡字其类在左，其义亦在左；如木类其左皆从‘木’。所谓右文者，如‘戋’小也：水之小者曰‘浅’；金之小者曰‘钱’；歹之小者曰‘残’；贝之小者曰‘贱’：皆以‘戋’字为义。”

这一段话，虽说声为义的纲领，但是我们在这一段话里，也可以看出形与义的关系。因为世界上一切事物，倘使都用声去包括，那末声同义异的文字，便要失去代替言语的价值；所以必须要用形来区别。加了左旁的形，凡言语上不容易区别的，文字上都可以区别了。现在举一条在下面为例：

“果”《说文》：“木实也；从木，⊕象果形，在木之上。”从果得声的字十三，而义都是系于左边的形。

“祼”《说文》：“灌祭也；从示，果声。”义系于左旁的“示”形。

“踝”《说文》:“足踝也；从足，果声。”足左右隆然圆起的，叫做“踝”；义系于左旁的“足”形。

“課”《说文》:“试也；从言，果声。”义系于左旁的“言”形。

“髁”《说文》:“髀骨也；从骨，果声。”义系于左旁的“骨”形。

“敤”《说文》:“研治也；从攴，果声。”《广雅》:“椎也；击也”；义系于左旁的“攴”形。

“夥”《说文》:“齐谓多为夥；从多，果声。”义系于左（原书无“于”）左旁的“多”形。

“稞”《说文》:“谷之善者；从禾，果声，一曰无皮谷。”义系于左旁的“禾”形。

“窠”《说文》:“空也；穴中曰窠，树上曰巢。从穴，果声。”义系于左旁的“穴”形。

“裹”《说文》:“缠也；从衣，果声。”义系于左旁的“衣”形。

“颗”《说文》:“小头也；从页，果声。”义系于左旁的“页”形。

“淉”《说文》:“淉水也；从水，果声。”义系于左旁的“水”形。

“鱳”《说文》:“鳢也；从鱼，果声。”义系于左旁的

“鱼”形。

“婐”《说文》:“婐妮也；一曰女侍为果，从女，果声。”义系于左旁的“女”形。

〔附注〕: 所谓左旁的形，不必形尽在左旁；“左旁为形”是文字学上的名词。

上面所举十三字，倘使只有右旁的声，没有左旁的形，则意义便不能明了；加了左旁的形，便可以和同声异义的字区别，许慎用左旁立部首，便是这个意思。

第四章　字形的原起

一　画卦的形

由言语讲化为文字，字音、字义的原起，已经解释在上面；那么文字的形是怎样原起的呢？我们读汉许慎《说文解字叙》（见文字原始节，这里不重录），知道未造文字以前，已经有画卦、结绳的方法，据此看来，画卦便是字形最初原起了。《乾坤凿度》说：“八卦☰古文天字；☷古文地字；☶古文山字；☱古文泽字；☵古文水字；☲古文火字；☴古文风字；☳古文雷字。”这种书虽然不可信，这种理却是可信的。文字起原于黄帝时代，庖牺画卦，虽不可叫做文字，但实在是文字的先导，并且有文字的价值。大概古人和事物接触既久，不能不画一符号以为分别；但思想简单，技艺粗浅，只能画直线，不能画曲线，只能画平行线，不能画交互线。他们看见天的现象平衡而无边际，便画“⚊”以为天的符号；看见地平坦而有缺陷，便画“⚋”以为地的符号；因而叠作平行线为“☰”“☷”，更错综起来，成为八卦，当做天、地、山、泽、水、火、风、雷的符号，更推广为一切思想事物的符号，现在将《易经·说卦传》上所讲的符号记在下面：

☰ 为天；为首；为马；为圆；为君；为父；为玉；为金；为寒；为冰；为大赤；为良马；为老马；为瘠马；为驳马；为木果。

☷ 为地；为腹；为牛；为母；为布；为釜；为吝啬；为均；为子母牛；为大舆；为文；为众；为柄；为黑。

☳ 为雷；为駹；为玄黄；为旉；为大涂；为长子；为苍筤竹；为萑苇；为马善鸣；为馵足；为作足；为的颡；为稼反生；为健蕃鲜。

☴ 为风；为股；为鸡；为木；为长女；为绳直；为工；为白；为长；为高；为进退；为不果；为臭；为寡发；为广颡；为多白眼；为利市三倍；为躁。

☵ 为水；为耳；为豕；为中男；为沟渎；为隐伏；为矫揉；为弓轮；为忧；为心病；为耳痛；为血；为赤；

为马美脊；为亟心；为下首；为薄蹄；为曳；为舆多眚；为通；为月；为窃；为木坚多心。

☲ 为火；为目；为雉；为电；为中女；为甲胄；为戈兵；为大腹；为乾；为鳖；为蟹；为蠃；为蚌；为龟；为木科上槁。

☶ 为山；为手；为狗；为少男；为径路；为小石；为门阙；为果蓏；为阍寺；为指；为鼠；为黔喙；为木坚多节。

☱ 为泽；为口；为羊；为少女；为巫；为口舌；为毁折；为附决；为刚卤；为妾；为养。

古人既然将各种事物，附丽于八卦，可知八卦便是代替事物的符号了。不但八卦如此，就是六十四卦，三百八十四爻，都是如此。据方中所辑佚象共一千四百七十有一；则是六十四卦，三百八十四爻，便是一千四百七十一件事物的符号。或一卦一爻，代替多数事物，类是文字的假借；或几卦几爻代替一件事物，类是文字的转注。大概在文字没有发明以前，必是用卦记录事物，记录思想，不过因为分别不清楚，后来便废而不用了。

二 结绳的形

《易经·系辞》说：“上古结绳而治，后世圣人易之以书契。”《九家易》说：“古者无文字，其有约誓之事，事大大其绳，事小小其绳；结之多少，随物多寡。”《说文解字叙》：“伏牺画卦，神农结绳，黄帝造书契。”根据这三段话，可见结绳必在画卦以后，书契以前；和画卦一样，虽不是文字，却有文字的性质；不过画卦只有直线平行线，结绳却有曲线交互线。结绳的形，现在已不可见，刘师培说“‘一’‘二’‘三’古文作‘弌’‘弍’‘弎’即为结绳之形”。这句话虽不可确信，以意推测，或为上古习惯的遗留。大概游牧时代，以打猎为生活，得了禽兽，便将绳结在戈上，表示打猎所得禽兽的数目。因结绳记数目的习惯，进而为一切记事物的应用，《说文解字叙》所谓“结绳为治，而统其事”便是。观此可知结绳必为文字之形的原起；郑樵所记的“起一成文图”，也许是结绳的遗留。我们虽不能见结绳的形，但从文字的形上观察，或者有许多是从结绳来的。现在略举几个字在下面为例：

独体

“一”即是画卦的“**—**”，或许结绳也是如此，所以《说文》解说为道。

“二”即是画卦的“--”，或许结绳变为“二”，所以《说文》解说为地之数。

“囘”古文“回”象一气回转之形，屈曲其绳为“囘”，是结绳可能的事。

“ㄥ”古文“厷”象形，屈曲其绳为“ㄥ”，也是结绳可能的事。

合体

“丄”“丅”古文“上”“下”合两画成文，是结绳可能的事。

“☉”太阳之精；围其绳为○，屈其绳为乚，合而成文，是结绳可能的事。

“⊕”敶也；围其绳为○，交互其绳为十，合而成文，也是结绳可能的事。

以上这几个字，虽不是结绳，但看其形体，皆是结绳可能的事，或许即是从结绳的形变化出来的。因为从画卦产生文字，中间经过结绳的一个历程，结绳的形，应该有这样的形式，决不是事大大其绳，事小小其绳的简单。画卦、结绳、文字，都是言语的符号，结绳的符号，必比较画卦进化；与文字稍近，六书的指事，都是符号作用，或许便是结绳的蜕化，有人说："六书应以指事为先"，亦有见地。

第五章　甲文

一　甲文的发见和名称

清光绪二十五年己亥，河南安阳县西五里，一个小屯发见龟甲和兽骨，上面都有刻辞。这个小屯在洹水的南边，是殷商武乙的都城。《史记·项羽本纪》所谓："洹水南，殷虚者"便是。刻辞里面，殷代帝王名号很多，因此便有人断定是殷代的遗物，称为"殷虚书契"，"契"是刻的意义，即是刻文字在龟甲上。或称为"契文"，或称为"殷契"，又因为刻辞上都是贞卜的话（贞卜即是问卜），所以又称为"殷商贞卜文字"，普通称为"龟甲文"，或称为"龟甲兽骨文字"；这里称为"甲文"，是一种简称，和《说文解字》简称为《说文》一样。

二 研究甲文的人

甲文出土的时候，为福山王懿荣所得，王氏死庚子之难，尽归丹徒刘鹗，刘氏墨拓数千纸，影印《铁云藏龟》一书，其书虽未有考释，然已引起世人注意。后刘氏得罪发边，所藏散失；日本考古家争相购买，日人林泰辅著一文，揭之于史学杂志；研究甲文的人，日见其多。国内研究甲文的学者，当首推瑞安孙诒让，著《契文举例》一书，但未能洞悉奥隐。后来上虞罗振玉搜罗龟甲很多，经过他的考释，甲文便渐渐可读。继罗氏而起的，要推海宁王国维，他将甲文运用到古史上，甲文的价值，愈觉增高起来。其他如丹徒叶玉森，天津王襄，丹徒陈邦怀，番禺商承祚等，惟叶氏所著《说契》《研契枝谭》《殷契钩沉》，颇有纠正罗氏的违失；其余著作，皆未能出罗、王二氏的范围。松江闻宥，研究甲文，欲为甲文整成一统系，其见颇卓，当能自成一军，但全功尚未告竣。国内研究甲文的学者尚多，这里但举著者所知的记在上面。

三 甲文的真伪和价值

自甲文发见以后，信为真殷代文字的人极多，疑其假的人绝少。余杭章炳麟不信甲文，但亦未曾发表过强有力不信的理由。著者对于甲文，没有确实证据，证明甲文是假的，故不敢贸贸然断甲文是假；但著者个人的意见，以为若必定确信甲文是真的，必须经过两种考验：（甲）地质学家的考验；将龟甲入土的浅深，考验年代的远近。（乙）化学家的考验；将龟甲兽骨一一分析，考验其变化的久暂，现在没有经过这两种考验，仅仅根据文字的考证，多少总有点可疑。我不懂地质学与化学。不能做上述二种考验的工作，对于甲文只能抱不敢信不敢疑的态度。我现在本确信甲文的人，将文字上考证所得的价值，列举在下面：

（甲）殷都邑的考证；（乙）殷帝王的考证；（丙）殷人名的考证；（丁）殷地名的考证；（戊）文字的考证；（己）文章的考证；（庚）礼制的考证；（辛）卜法的考证。

上面八项，可以约为三项：（甲）历史上的价值；（乙）文章上的价值；（丙）文字上的价值。（甲）（乙）两项价值，与文字学没有关系，可不必论，在文字学上所当研究的是第三项价值，现在将第三项价值，记四条于下面：

（甲）籀文即是古文，并非别有创制和改革。例如《说文》“四”字，籀文作“亖”，甲文中的“四”字，正是作“亖”。

（乙）古象形文以象物形为主，不拘笔画繁简异同。

例如：

羊——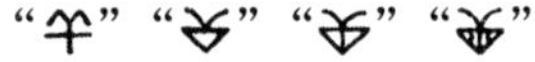

马——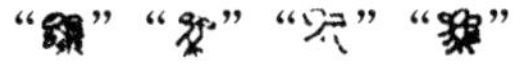

豕——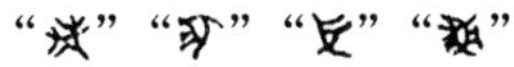

犬——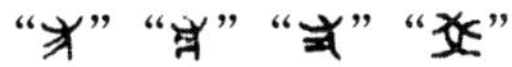

以上诸字重文，笔画繁简，皆有异同；然都肖羊马豕犬的形状，拘拘于笔画，是经过整理以后的文字。

（丙）与金文相发明。用甲文证金文，常见的字，相合的十有六七。例如“余”字《毛公鼎》作，《盂鼎》“盂”字作“”和甲文相同。

（丁）纠正许书的违失。《说文》中文字，有许多不得其解的，或解而不通的，甲文可以纠正。例如“牢”字，《说文》作“”从“牛”、从“冬”省；甲文上“牢”字，有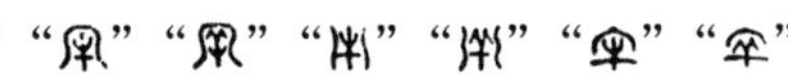诸形，都是象阑防的形状，并非从“冬”省。

甲文在文字学上的价值，有这样大；其他在文章上，历史上，当然也有相当的贡献。我极希望研究甲文的学者，先在龟甲的本身上，作精密的考验，倘龟甲的本身，没有问题，则对于学术上的贡献，真是不可限量。

第六章　古文

一　金文中古文和《说文》中古文的异同

许叔重《说文解字叙》:“重文一千一百六十三。”(按今覆毛初印本和孙、鲍二本都是一千二百八十，毛刻改本是一千二百七十九。)所谓重文，即是古文、籀文、或体三种，除或体外，古文、籀文都可称为古文；可是将后世出土的金文来比较，大多数不相符合。如《说文》:“”古文作“”;“玉”古文作“”;“中”古文作“”，籀文作“”;“革”古文作“”;“画”古文作“”作“”;“敢”古文作“”，籀文作“”，都不见于金文。金文中习见的字，如“王在”的“在”作“”;“若曰”的“若”作“”;“皇考”的“皇”作“”;“召伯”的“召”作“”;“邾子”的“邾”作“”;“郑伯”的“郑”

作“㚘”，都不见于《说文》。又如金文以“睪”为择，《说文》：“‘睪’引给也。”不言古文以为择字；金文以“乍”为“作”，《说文》“‘乍’止也；一曰亡也。”不言古文以为“作”字。总之金文中的古文，与《说文》中的古文，各自不同。关于不同的原故，有两个主张：

（甲）吴大澂的主张：《说文》中的古文，是周末的文字；金文中的古文，是周初的文字。——《说文》中的古文，是言语异声，文字异形的古文，不是真古文。

（乙）王国维的主张：《说文》中的小篆，本出于大篆。《说文》中的古文，是战国时六国的文字，用以写六艺的。《说文》中的古文，是东土文字；金文中的古文，是西土文字。

这两个主张，究竟是不是定论，或孰是孰非，尚待研究。不过近来新出土的三体石经，都和《说文》中的古文相合；就是《说文》中的古文，和金文中的古文，也间有相同的。可见《说文》中的古文，实有两种：一种是鼎彝中的文字，一种是六艺中的文字。不过六艺中的古文多，鼎彝中的古文少。吴氏不察，说许氏不见古籀真迹，未免太过。

二 古文的形义是最初的形义

《说文》中的文字，都是形由义生，义由形起，似乎都是初形初义；但是考证古文，便知《说文》中的文字，已经变更了。例如“天”字，《说文》：“颠也”，是最初的义，古人只知有颠，不知有天；天的名是从颠的意义引申出来的。《说文》“天”字的组织从“一”“大”，和“颠”的意义不合，可见不是最初的形；古文，“天”作“[illegible]”，“大”是人形，“•”就是“颠”的形，形与义便相应了。古文的形义，在文字学上，极有研究的价值；不过古文繁简不一，异形极多，各家的释文，又复纷如聚讼。吴大澂著《字说》三十二篇，关于古文的形义，很有发明。现在举其“出”“反”字说在下面，为研究古文形义者介绍。

“出”“反”字说：古“出”从“止”从“[illegible]”；“反”为“出”之倒文，二字本相对也。古文“止”字，象足迹形，有向左向右之异；有前行倒行之别；右为“[illegible]”即“止”。左为“[illegible]”即“[illegible]”。读若挞。向右为“[illegible]”即“[illegible]”，小篆作“[illegible]”，苦瓦切。向左为“[illegible]”，即“[illegible]”，小篆作“[illegible]”（原书为“[illegible]”），读若湍。两足前行“[illegible]”小篆作“[illegible]”，加“[illegible]”为“[illegible]”。两足倒行为“[illegible]”，小篆作“[illegible]”，加“[illegible]”为“[illegible]”。两足相并为“[illegible]”，小篆作“[illegible]”，读若拨。两足相背为“[illegible]”，小篆当作“[illegible]”，今作“[illegible]”。以足纳屦为出，当作“[illegible]”，变文为“出”。倒“出”为“[illegible]”，当作“[illegible]”，变文为“[illegible]”。古礼出则纳履，反则解屦，“[illegible]”

象屦在足后形。“出”“反”二字正相对；与“陟”“降”二字同。《说文解字》“出”进也；象草木益滋上出达也。“反”覆也；从“又”反形，盖文字屡变而不得解，古义之废久矣。《诗》：“绳其祖武”，“履帝武敏歆”；《礼记》：“堂上接武，堂下布武”之武，疑亦从两“止”，古文作“步”即步字，后人误释为武，与“止”“戈”之义绝不相合也。

观“出”“反”二字，小篆变为“出”“反”，与初形初义，悉不相符，可见求文字最初的形义，当考诸古文；这里不过举“出”“反”二字为例，学者观吴大澂《字说》全书，当更明白。

三 古文和籀文

自从《汉书·艺文志》以史籀为周宣王的太史，后来许叔重解《说文解字》也是如此说法，“籀文”便公认为在古文以后，篆文以前的一种书体，二千年来，没有人否认过。近来海宁王国维著《史籀篇疏证》，始创说，史籀是书的篇名，不是书体的名；因《说文》中的籀文与殷周的古文，很多相同的，现在略记几个字在下面为例：

“[illegible]”籀文“[illegible]”；按《盂鼎》“[illegible]”字作“[illegible]”，从

“米”在豆中，“”以进之；从“米”与从“”的意同。“”即从“”省声，又甲文与《散氏盘》“登”字都与籀文同。

“”籀文“秦”；按《盄龢钟》和《许子簠》“秦”字如此作。

“”籀文“邕”；按《毛公鼎》“雝”字作“”，从“”，与籀文“”字，都是象邕城池的形；篆文变“”为邑，遂为会意。

“亖”籀文“四”；甲文及金文中“亖”字，都是如此作，与籀文同；惟《郘钟》“四”作“”，与篆文略同。

据以上几个字看来，《说文》中的籀文，未必出自《说文》中的古文，因《说文》中的古文，与周古文相同的，反比籀文少。许叔重说：“宣王大史籀箸大篆十五篇，与古文或异。”这句话很有疑问，王国维说，籀文不是书体名称。他的理由有两点：（甲）史籀是太史读书的意思；“籀”和“读”同，不是人名。（乙）《史籀篇》的文字，是周秦间西方的文字；没有传到东方，所以和东方文字不同。这两个理由，很有价值；第二点尤其有价值。籀文和篆文是战国时代秦国的文字，秦国是西周的故都；秦国本身没有文化，都是西周的文化，所以文字与西周相近，没有什么变更；周朝从东迁以后，文化由陕西到河南，由河南到山东；山东尤其是文化的中心点，文化发达，文字也随着演变，东方的文字，当然与西方不同。六艺是孔子删订的，所以书写六艺的文字，都是东方文字，如此研究，古籀的问题，完全可以解决了。

第七章　篆文

一　篆文和古文

论文字发达的程序，后起的字形，大都从初起的字形蜕化而来；篆文虽是秦代制造，但是因古文不变的极多。张行孚著《小篆多古籀考》一篇，证据极为详确，他举出两个例：（甲）例如“於”，古文“烏”，小篆“菸”“淤”等字，都从“於”声；籀文“磬”，小篆“聲”“磬”等字，都从“殸”。这个例，便是已废为古籀，而仍见于小篆偏旁的。（乙）例如“珇”古文“瑁”，“王”字“目”字，都是小篆。“愇”籀文“韙”，“心”字“韋”字，都是小篆。这个例，便是仍作小篆，而见于古籀偏旁的。由张氏所举两例看来，现在《说文解字》中九千三百五十三字中，（原书有“和古文相同。大约”）古籀和小篆相同的，（原书有“李斯”）只录小篆；小篆和古籀不相同的，录小篆以后再录古文或籀文。但是张氏所举古文，都是《说文》中的古文；多数是六艺中的古文，和东土文字相近，和西土文字相远；似乎篆文和古文，又发生一个问题了；其实六艺中的文字，和鼎彝上的文字，虽然不同，不过是作法和体势的差异；东土文字，必是由西土文字蜕化出的。我们考证金文，便可以明了有许多文字，虽然和小篆不同，其意义仍相似；例如“”古文，“”小篆，从“行”从“”，意义是同的。“”古文，“”小篆，从“口”从“言”，意义是同的。其他如“”古文，“”小篆；古文的“王”，从“二”从“”；篆文的“王”，从“丨”贯“三”形不相似。古文地中有火，火盛曰“王”；小篆通天地人谓之“王”；意义亦毫不同。我们虽不能据以考见古文递变为小篆的痕迹；但是，就其不同的一点，加以研究，不外是：（甲）组织的不同；（乙）笔画的差误；都可推测得出来，学者本这个方法，做有系统的研究，定可以找得出文字发达的程序。

二 或体和俗体

《说文解字》重文中，除古文、籀文、奇字而外，又有或体和俗体两种。自从大徐本所谓“或作某”的，小徐本有时写为“俗作某”，因此学者都以为或体是俗字；著者的意见，非但或体不是俗字，便是俗体也有相当的价值。或体和俗体两种，都是小篆的异文；汉时通行的文字，和六书条例不相违背的。许叔重著《说文解字》，本是解释文字的条例，以纠正当时的俗书；岂肯纪录俗体字，自乱条例。试看马头人为“长”，人持十为“斗”，一类的俗字，《说文解字》中便一个也找不出，并且在“叙”里面，特为提出来，斥为不合六书的条例；大概《说文解字》所录的俗体，都是当时所通用，信而有征，合于六书条例的。现在将张行孚、许印林二人的主张，记在下面：

（甲）张行孚的主张：“字之有正体、或体，犹之《诗》之有齐、鲁、韩，虽在同时，乃别有师承也。而王氏筠则谓《说文》之有或体也，亦谓一字殊形而已；非分正俗于其间也。正体之字，以或体为偏旁甚多，若以其或体而概废之，则正文之难通者，不既多乎？”

（乙）许印林的主张：“不惟或体非俗体，即俗体亦犹之或体也。俗，世俗所行，犹《玉篇》言‘今作某’耳；非对雅正言之，而斥其陋也。郑康成之注《周礼》也，曰：‘“卷”，俗读也，其通则曰“衮”。’以今考之，‘卷’之读不必俗于‘衮’，而郑云俗者，谓记礼时世俗读‘衮’为‘卷’，故记作‘卷’字；而‘其通则曰“衮”’者，谓通其义，通，犹解也；非谓‘衮’通雅而‘卷’俗鄙也。许君所谓俗，亦犹是矣。”

照上面两个主张看来，可见或体并不是俗字；况且有许多或体字，是从正体省的；甚且即是正体初文。例如或体“康”，即是正体“穅”的省文；也可以说是正体“穅”的初文。或体“㴊”，即是正体“渊”的省文，也可以说是正体“渊”的初文。不过或体也有应该要分别的，许印林说：“或体有数种，或广其义，或广其声；广其义者无可议，广其声则有今古之辨。”大概广其声的或体，不尽出于秦篆；也有汉人所附益的。例如“芰”，杜林说作“茤”，用古音分部考证，“芰”从支声，“支”属支部；“茤”从“多”声，“多”属歌部；和周秦的音不合了。据此看来，俗体当是后人孳乳的文字；或体是通行已久的文字；都不背文字的条例，都有存在的价值。

第八章　隶书

据《说文解字》《汉书 · 艺文志》的记述，隶书的兴起，是秦代专供给狱吏隶人用的；高文典册仍旧用篆书。到汉朝开始用隶书写经，隶书的用途渐广，变化也渐繁杂。但是隶书虽是变更篆体，究竟是从篆书蜕化的；况且汉人讲经，用字多用假借，依声托事的条例，并不曾淹没；隶书文字的条例，仍然可以找得出；自从唐人改为真书，经籍的文字，才大变了。我们研究隶书，应该根据碑碣；但是，碑碣有通与异的差别，现在分节叙述于下。

一　隶变之通

嘉定钱庆曾著《隶通》，举出五个条例：

（甲）通——训诂的通；例如“吏”通作“理”，和六书中假借相合。推而广之“灵”通作“零”;《吴仲山碑》“零雨有知”,“零”即“灵”之假借字。“莪”通作“仪”;《衡才碑》:“悼蓼仪之劬劳”,“仪”即“莪”之假借字。

（乙）变——形体的变；例如“裠”变作“薰”，有变而通行的，有变而不通行的。变而通行的，如“丄”变作“上”，“丅”变作“下”。变而不通行的，如“天”变作“兂”，“䄗”变作“祥”。

（丙）省——笔画的省；例如“落”省作“苔”。他如“气”省为“乞”，见《无极山碑》；倘不知“乞”由“气”变，便无从寻求“乞”字的由来。——现在通行的真书，大半由隶变省的，例如“皇”省作“皇”,“書”省作“書”。

（丁）本——本有其字，隶变后另有一字；例如“珙”本作“玒”。他如“禨”本作“鬾”,《说文》无“禨”字；鬼部“鬾”俗也，隶体之“禨”，即《说文》之“鬾”。

（戊）当——当作此字，隶变后作一偏旁，其实是不应当的；例如“芙蓉”当作“夫容”。他如“蒺”当作“疾”，“蓖”当作“鹿”，所谓，“羽族安鸟，水虫著鱼”，便是这个意思。

二 隶变之俗

隶变之俗，在文字学上，虽没有什么研究的价值；但是，不明白俗体，正体便不能注意。隶变的俗体，大都是笔画的变更，例如“龍”写作“龒”，“虎”写作“乕”；这一类字，在现在有不通行的，有仍沿用的。关于隶变之俗，可分下列四例：

（甲）委巷妄造之俗：例如百念为“㥑”，言反为“䛒”。他如武则天造字，“天”作“𠀘”，“地”作“埊”，“人”作“𤯔”。

（乙）浅人穿凿之俗：例如“出”为二山，“昌”为两日。

（丙）传写错误之俗：例如以“筮”为“巫”，以“宎”为“更”。

（丁）臆说妄改之俗：例如始（原书无“始”）皇改“辠”为“罪”；王莽改“疊”为“曡”。

此外如“丣”和“卯”不同，“丐”和“丏”不同之类，也是研究隶变者所不可忽略的。

第九章　文字废弃

一　应当废弃的

文字是时代的产物；文字的作用，是纪录事物，替代言语；时代是息息演进的，事物和言语，也是随着时代的演进而变化；文字当然也要随着事物和言语的变化而增加废弃。社会上没有这件事物，没有这句言语，便不必有这文字；所以《说文》九千三百五十三文，现在应当废弃的，有二分之一以上。这种废弃的原因，不外下述两种：

（甲）事物的变更：古人对于天地鬼神的观念很深，用祭祀来表示；所以《说文》里关于祭祀的专门名词极多；现在祭祀的仪式，许多已经废除了；因此关于祭祀的文字，应变废弃的，不下二分之一。

（乙）言语的变化：古人言语虽不很发达，而对于事物的专门名词却很多；后来言语进化，为言语的简便计，大都用一个形容词加在普通名词上，以替代专名。例如《说文》关于牛的专名，有十八字，黄色牛有黄色牛的专名（《说文》："犊"黄牛虎文；"犉"黄牛黑唇）；白色牛有白色牛的专名（《说文》："㸌"白牛也）；现在都改称"黄牛""白牛"，事物没有变，而言语变了；于是关于牛的文字，应当废弃的，约有七分之四。

上举两例，可以说是文字废弃的标准。大概文字有死与活两种：活的文字，便是日常通用的；死的文字，只须供给专门学者的参考。活的文字，又可分为适用的和不适用的两类：适用的，即是普通的文字；不适用的，例如《说文》《尔雅》里关于草、木、虫、鱼、鸟、兽一类的文字，虽不是死的文字，然不是博物的，大都不适用。总之，文字在于应用，不必把脑经当作字典。

二　不应当废弃的

照上节所讲，《说文解字》九千三百五十三文，应当废弃的，有二分之一以上；则不应当废弃的，当然也有二分之一以下。研究文字学的学者，对于这类不应当废弃的文字，应该分别治理一下，以便社会的应用。关于不应当废弃的文字，有下列两种：

（甲）现在没有废弃的，举示部、牛部的字为例：

“示”“祜”“礼”“禧”“禄”“祯”“祥”“祉”“福”“祐”“祺”“祇”“神”“齋”“祕”“祭”“祀”“祖”“祠”“祝”“祈”“祷”“禦”“祳”“社”“祲”“祸”“祟”“祥”“禁”。

“牛”“牡”“特”“牝”“犊”“荦”“牟”“牲”“牵”“牢”“犕”（这字书中借“服”字用）、“犁”“牴”“犀”“牣”“物”“牺”。

（乙）文字上不用，而言语上用的，例如：

“勚”（劳勚）、“㒩”（懒）、“僧”（终）、“僒”（兑换）、“倗”（倍）、“伭”（恨）、“剌”（刀伤人）、“哷”（大口食物）、“㖸”（呼难声）、“聑”（小语）、“𥨍”（𥨍嘴）。

〔附注〕：括弧里面，是现在口语小解释。

关于（乙）项所举十例，不过是大略举的。我们若根据各地的方言，再来搜求文字，所得定然很多。普通人每每说：“口里有这句话，书里决没有文字”，事实不是如此。

三 因假借而废弃的

中国文字，用假借的很多；假借的方法，极其便利，但因此而使文字废弃的也不少。关于因假借而废弃的文字，有下列两例：

（甲）形废弃而义没有废弃的：例如“趨”，即快趨的“趨”，现在通用“慢”字，“趨”的形废弃了，而义没有废弃。“歺”，即腐歺的“歺”，现在通用“朽”，“歺”的形废弃了，而义没有废弃。这一类字极多，这里不能多举。

（乙）义废弃而形没有废弃的：上举因假借而致形废弃了义没有废弃的一例，普通大概都知晓；这一条所举义废了而形没有废弃的例，人都不大注意。例如“之”本义是出，现在用为代名词、介词，“之”的本义便不通用了。又如“而”的本义是颊毛，现在用为语助词，“而”的本义，便废弃了。这一类字，《说文》也极多。

四　虽废弃了，因偏旁所用，而不能废弃的

照前三节所述，文字的废弃，有应当废弃的；有不应当废弃的；有因假借的缘故，无意废弃的三种，但是根据文字学上的研究，还有一条例外，即是：这文字虽已废弃了，而因别字用为偏旁，使这字不能废弃。例如照（一）例讲：野外谓之林，林外谓之冂的“冂”字，本应该废弃；但“冘”“央”等字都用“冂”做偏旁，“冂”字便不能废弃了。照（二）例讲：“𥄕”，目不正，现在已废弃了；但“瞢”“蔑”等字，都用“𥄕”字做偏旁，“𥄕”字虽废抛而仍存在。照（三）例讲：“𠬪”，上下相付的意思，现在借用“摽”字，“𠬪”字已废弃了，但“受”“争”等字，都用“𠬪”做偏旁，“𠬪”字虽废弃而仍存在。此种例很多，

大概可分两种：

（甲）用为形的：《说文》五百四十部首，其中未曾废抛的固然很多，废弃了的不少；但九千三百五十三个文字，都是从这五百四十部首孳乳而来。倘使所孳乳的字，不应废弃；则所从孳乳的部首，便也不应废弃了。例如“丨”上下贯通的意义，现在已废弃了；但“中”字从“丨”，“丨”便不能废弃了。“茻”，草丛，现在借用“莽”字；但“莫”“莽”都从“茻”，“茻”字便不能废弃了。

（乙）用为声的：《说文》七千六百九十七个形声文字，都是由一千一百三十七个声的字母孳乳出来的。孳乳的文字，倘不应当废弃；则所由孳乳的声的字母，便也不应废弃了。例如“竹盛丰丰”的“丰”字，现在已经废弃了；但“奉”字从“丰”为声，“丰”字便不能废弃了。“夅服”的“夅”字，现在已借为“降”；但“绛”字从“夅”得声，“夅”字便不能废弃了。

第十章　文字增加

一　自然的增加

人类文明，由简陋到精密；文字也由少而多。上古人民，智识单简，没有辨别事物的能力，看见一株树木，只知道是一棵树木，不能辨别它是松树还是柏树。看见一茎草，只知道是一茎草，不能辨别是葵还是藿。初造文字，关于木只有一个“木”字，关于草只有一个“艸”字，从“木”的字四百多字，从“艸”的字四百多字，都是后来演加的。古人制造的物件很粗陋，名称不多，文字也很少；初造车子的时候，只有一个“车”字；初制衣服的时候，只有一个“衣”字。关于车的“轩”“辒”“轺”“轻”“輣”“軘”……等字；关于衣的“衮”“褕”“袧”“袗”“表”“裹”……等字，也都是后来演加的。这种增加，是自然的趋势。大概文字时时有废弃，也时时有加增；废弃是图简便，增加是应需要，都是不可免的。现在将从汉朝以后字书上文字的数目，列表于下，我们便可很明白的看出中国文字增加的过程了。

书名	时代	字数	递增数	注
《苍颉篇》	汉	三三〇〇		
《训纂篇》	汉	五三四〇	二〇四〇	（一）
《续训纂》	汉	六一八〇	八四〇	
《说文解字》	汉	九三五三	三一七五	
《声类》	魏	一一五二〇	二一六七	
《广雅》	魏	一八一五〇	六六三〇	
《玉篇》	梁	二二七二六	四五七六	
《广韵》	唐	二六一九四	三三六八	
《韵海镜源》		二六九一一	七一七	
《类篇》	宋	三一三一九	四四〇九	
《集韵》	宋	五三五二五		（二）
《字汇》	明（原书为"宋"）	三三一七九	一八六〇	
《正字通》	明	三三四四〇	二六一	
《康熙字典》	清	四七〇三五	三五九五	

注（一）：自《苍颉》以下十四篇。

注（二）：隶变的重文太多，不能作为递增。

二　偏旁的增加

鸟属的字，用“鸟”做偏旁；鱼属的字，用“鱼”做偏旁；文字的增加，这一类也很多。徐鼎臣说：“《尔雅》所载草、木、鱼、虫、鸟、兽之名，肆意增益，不可观矣！”王贯山说：“菜名‘东风’，鸟名‘巧妇’；今作‘菄风’‘鵋妇’，岂复可解！”这种见解，用现在的眼光来批评，未免太拘泥；文字既是事物的符号，则属于鸟、兽、虫、鱼的专名，当然应该加鸟、兽、虫、鱼的符号，以为区别，何必拘泥沿用古字？所以偏旁的增加，也是自然的趋势。下面略举数例：

“芙蓉”是“夫容”的增加字。

“崑崙”是“昆仑”的增加字。

“猫”是“苗”的增加字。

“虠”是“戎”的增加字。

“蟋”是“悉”的增加字。

“螳”是“堂”的增加字。

这种增加的文字极多，即在《说文》本书里，也可找出不少。例如：

“贮”即是“宁”的增加字。

“𨹹”即是“陵”的增加字。

“㥛”即是“亟”的增加字。

“派”即是“𠂢”的增加字。

偏旁的增加，于文字的六书条件，本极适合；比较《说文》里“告”字已经从“牛”，又从“牛”作“牿”；“益”字已经从“水”，又从“水”作“溢”，便要合理的多。至于所增加的文字，是否在现在还是适用，则应该分别讨论。

此外还有一种特别的方言的增加；例如福建的“有”“冇”等字，广东的“閄”字，广西的“孬”字，陕西的“旲”“尘”等字，一部分社会很通行，究竟应该不应该保存，应待讨论。至于隶变的增加，如《集韵》《康熙字典》上的古文，是没有存在的价值的。

中编　六书条例

第一章　六书通论

一　六书的次第

关于六书的次第，有下列八种不同的主张：

（甲）:（一）象形、（二）会意、（三）转注、（四）处事、（五）假借、（六）谐声。——郑康成的主张。

（乙）:（一）象形、（二）象事、（三）象意、（四）象声、（五）转注、（六）假借。——班固、徐锴、周伯琦的主张。

（丙）:（一）指事、（二）象形、（三）形声、（四）会意、（五）转注、（六）假借。——许叔重、卫恒的主张。

（丁）:（一）象形、（二）指事、（三）会意、（四）转注、（五）谐声、（六）假借。——郑樵的主张。

（戊）:（一）象形、（二）指事、（三）会意、（四）谐声、（五）假借、（六）转注。——吴元满、张有、赵古则的主张。

（己）：（一）象形、（二）会意、（三）指事、（四）转注、（五）谐声、（六）假借。——杨桓的主张。

（庚）：（一）象形、（二）会意、（三）指事、（四）谐声、（五）转注、（六）假借。——王应电的主张。

（辛）：（一）指事、（二）象形、（三）会意、（四）转注、（五）谐声、（六）假借。——戴侗的主张。

这八种主张，我们用历史进化的眼光来判断，应该以（乙）项班固的主张为标准。上篇曾说过，“独体为文，合体为字”。象形、指事是独体的“文”；会意、形声是合体的“字”。文字的次序，文先字后，可见象形、指事和会意、形声决不能颠倒的。至于转注、假借，则是用字的方法，更不能在造字之先了。

六书又可分虚实，象形实，指事虚；因物有实形，事没有实形。会意实，形声虚；因会意会合两文三文，便成了意义；而形声却没有意义可以体会。转注实，假借虚；转注各有专意，有独立的字义；而假借却要有上下文做根据，不能指出一个单独的文字，断它是不是假借。古人思想的演进，必是由实而虚，所以变乱班固的次序的，都是不明了虚实的意义和古人思想演进的原则。再用文字的本身来证明：

（甲）象形在指事之先的证据　例如："刃"是指事，必先有象形的"刀"字，才有指事的"刃"字。有人说，造字最先必是"一"字，而"一"字是指事，似乎指事不应该在象形之后。不知"一"字是否应属于指事，实是疑问；《说文》上所谓"道立于一"的解释，决不是上古时代的思想。"一"是计数的符号，决不应在名物字之先，是没有疑惑的。

（乙）会意在形声之先的证据　例如："慚"是形声，必先有会意的"斩"字，而后才有形声的"慚"字。虽然也有许多指事、会意的字，用形声来组合；但都是展转孳乳的字，不足据为证明。

根据上面几项理由，得到的结论是：六书的次第，应该以班固的主张为标准。

二　六书是造字的基本、用字的方法

王筠说："象形、指事、会意、谐声，四者为经，造字之本也。转注、假借二者为纬，用字之法也。"古人造字，先有事物，次有命名，再次才有文字。凡一切物汇，有形可象的，都用象形的方法。没有形体可象，而属于虚事的，便用指事；例如，"丄丅"（上下），一见可识。有不属于物、事，而属于意的，便用会意的方法；会合几个文，而成一个字的意义，例如：会合人言而成“信”字，会意虽比较象形、指事使用便利，可是仍然有穷尽；因此而有形声的方法，用一个形，配一个声，可以应用无穷。形声的字体配合，有下举六个方法：

（甲）左形右声　例如：“江”“河”

（乙）右形左声　例如：“鸠”“鸽”

（丙）上形下声　例如：“草”“藻”

（丁）下形上声　例如：“鼋”“鳖”

（戊）外形内声　例如：“圃”“國”

（己）内形外声　例如：“闻”“问”

上举象形、指事、会意、谐声，是造字的基本方法。

转注、假借是取造成的文字来应用。转注的作用，在汇通不同形而同义的文字；例如：考即是老，老即是考，不过是各地的方言不同，其实意义是同的。假借的作用，在救济文字的穷尽，使一个文字，可以做几个文字用；例如“字”是乳，假借为抚字。假借大概可分为两类：

（甲）本无其字而假借的。

（乙）本有其字而假借的。

上举转注、假借两种，是用字的方法。

三　六书为识字的简易方法

近来学者，往往说，中国文字繁难，有碍文化的进步。说这话的，虽不能说他绝对没有理由；但至少可以说，他是没有明白中国文字的条例；中国文字虽有几万，但能有下举三种预备，便不难认识，分述于下：

（甲）明了六书：中国的文字，都可用六书来包括，即象形、指事、会意、形声是造字的方法，转注、假借是用字的方法。造字的四法，很容易明了；况且四法中形声最多（《说文》九千三百五十三文，象形三百六十四；指事一百二十五；会意一千一百六十七；形声七千六百九十七）。形声的方法，尤其是简便；属于鱼部的文字，必是关于鱼的；配合的是什么音，便读什么音。其他从鸟、从金、从水、从火无不如此。用字的二法，假借比较复杂些，但是能明了借音借义的原则，也没有什么困难。

（乙）认识字母：中国文字，虽不是拼音字（原书无“字”）母而成，却也是由少数字母组合而成。《说文》中五百四十个部首，便是中国的字母；五百几十个文字，自然不难记熟；记熟了，再用六书造字的条例，分析一切的中国文字，便可以触类而通了。

〔附注〕:《说文》五百四十个部首，有许多不是纯粹的字母。章太炎先生著《文始》，举出准初文仅五百十个。

（丙）略明文字变迁的源流：中国文字，因经过几次体例上的变更，许多文字失去了制造的条例；例如："鳥"有四足；千里草为"董"。倘能明白六书的条例，再略有点文字变迁的智识，明了变迁的痕迹。这困难也不难解决的。

上举三则，（甲）（乙）两则，是文字的本身；（丙）则是文字的历史。三则中以（甲）则"明了六书"最为重要。

四　组织的原素同，而组织的条例不同，音义不同

中国文字，虽可归纳于六书的条例，但往往有组织的原素同，而组织的条例不同；组织的条例同，而音和义不同，研究中国文字，不能忽略这种事例。举例于下：

（甲）一是会意，一是会意兼形的：例如"天"是会意；"立""夫"是会意兼形；同是从"一""大"。

（乙）一是会意兼形，一是会意兼声的：例如"朮"是意兼形；"市"是意兼声；同是从"中""八"。

（丙）一是象形，一是形声的：例如"易"是象形；

“昒”是形声；同是从“日”“勿”。

（丁）同是会意，而音义不同的：例如“屮”“屯”同是从“中”“一”。

（戊）一是会意，一是形声的：例如“善”是会意；“詳”是形声；同是从“羊”“口”。

（己）同是形声，而音不同的：例如“吟”“含”同是从“今”“口”。

古人制造文字，只用少数的初文，互相配合，以避重复；有不能避免重复的，便将组合的位置，变更一下，既达出事物的形意，又不背六书的条例。但是有意义的变更组合位置，指事、会意是如此；而形声却不如此。形声的配合位置，完全是避免重复，大都是没有意义；例如“忠”解释忠诚，“忡”解释忧愁；倘造字时，“忡”作忠实，“忠”作忧愁，也没有关系的。

第二章　象形释例

一　象形概说

八卦、结绳之后，便产生象形的文字。象形即是描画物体的形状，和绘画的线条，没有差别；用金文、龟甲文来证明，更是明显。

象形的性质，有下列几种：

（甲）属于天象的　例如“日”“月”

（乙）属于地理的　例如“山”“水”

（丙）属于人体的　例如“子”“吕”

（丁）属于植物的　例如“艸”“木”

（戊）属于动物的　例如“牛”“羊”

（己）属于服饰的　例如“冃”“巾”

（庚）属于宫室的　例如“門”“户”

（辛）属于器用的　例如“刀”“弓”

象形的方法，有下列几种：

（甲）从前面看的　例如“日”“山”

（乙）从后面看的　例如“牛”“羊”

（丙）从侧面看的　例如“鳥”“馬”

（丁）变横形为直形的　例如“水”当横看为“☵”

（戊）省多为少的　例如“吕”象脊骨，用两个概括多数。

象形文字，是中国文字的渊源，虽然指事也属于独体的初文；但是许多指事文字，是根据象形文字而造成的。例如上章（一）节所举的“刃”字便是。《说文》中象形文字计三百六十四；除去不纯粹的，还余二百四十二；再除去重复的，和由一个形体而演化的，只得一百几十个，占现在的文字，不到百分之一。所以说“中国文字是从象形文字演化的”，是可以的；说“中国文字，都是象形文字”，便不通了。

二　象形分类

象形分类，有下举三位学者的分法：

（甲）郑樵的分法：（一）正生：又分天地、山川、井邑、草木、人物、鸟兽、虫鱼、鬼物、器用、服饰十类。

（二）侧生：又分象貌、象数、象位、象气、象声、象属六类。（三）兼生：又分形兼声、形兼意两类。

（乙）郑知同的分法：（一）独体象形；（二）合体象形；（三）象形兼声；（四）象形加偏旁；（五）形有重形；（六）象形有最初本形。

（丙）王贯山的分法：（一）正例；（二）变例。

这三种里面，郑樵的分法，最不可靠；混合指事、会意、形声三例在象形的类别里，太没有辨别的眼光。郑知同的分法，虽比较明晰，但是他主张不守《说文》一定的形体，似乎不适于初学，现在本王贯山的分法，在下节详述。

三 象形正例

象形正例，即象物的纯形，可分五类：

（甲）天地的纯形：例如“日”外面象太阳的轮廓；里面象太阳闪烁的黑影。“月”象月的缺形。

（乙）人体的纯形：例如“口”“目”纯象口目的形状。

（丙）动物的纯形：例如“隹”象短尾的禽；“鳥”象长尾的禽。隹是水禽；鳥是山禽。“牛”“羊”象牛羊从后面看的形状。

（丁）植物的纯形：例如“艸”象草的丛生。“木”象树木的冒地而生。

（戊）器械的纯形：例如“戶”象半门。“門”象两户。“豆”“皿”象食器。

上举五例，纯然象物的形状，毫没有意义，这是象形的正例。

四　象形变例

象形变例，即是用事、意、声辅助象形，使字义明显；但是不能属于指事、会意、形声的条例，因它仍以形为主，所以叫做象形变例。可举下列八例：

（甲）一字象两形：例如“𢎘”一象草木深函的形；一象花未发的形。

（乙）减文象形：例如“𦍌”象羊角，由“羊”字减省。

（丙）合体象形：例如“臼”外象臼形，中象米形。

（丁）象形兼意：例如“果”，“田”是象果形；“木”是会意。

（戊）形兼意而略异：例如“爲”母猴，形兼意；但爪由猴生，和果由木生略异。

（己）形兼意别加一形：例如“眉”，“𠂆”（原书为“厂”）象眉形；“目”会意；“仌”加象额理形。

（庚）形兼意兼形：例如“齒”，“[illegible]”象齿形；“凵”（口犯切，象张口）“一”（齒中间虚缝）两文会意；“止”形声。

（辛）似无形而仍为象形：例如“衣”，“亠”（篆文作𠆢）象衣领；“𧘇”（篆文作[illegible]）象衣襟。

〔附注〕：“衣”字本是纯形，因《说文》所解有疑问，所以另作一例。许叔重的解释是：“象覆二人之形。”王贯山说：“以意为形。”都不能通顺。

上举八例，都是象形变例，较象形后起。所以不能属于象形正例者，因不是独体的初文，而须借助于他种条例。所以不能直接属于他种条例者，因以形为主，而不以声意为主。

第三章　指事释例

一　指事概说

指事一例，古今异说很多，要以许叔重之说为主。许氏说："视而可识，察而见意，'上''下'是也。"六书中指事字最少，而最难分辨。许氏所举"上""下"两例，恰巧是最纯粹的，以致弄得异说纷纭，莫衷一是。清代小学专家，若段玉裁只心知其意，不能说出定义。即江艮庭精研六书，也往往认会意为指事。其他唐、宋、元、明各家，如贾公彦、徐锴、张有、戴侗、杨桓、刘泰、周伯琦、赵古则、王应电、朱谋玮、张位、吴元满、赵宧光等，或拘泥于许氏所举的"上""下"二例；或误认会意为指事；或与象形、会意相混杂；或举例不明确；或发挥不精到详尽；都不能得指事的真旨。只有清代王贯山的解释，最明白易懂，他说："所谓视而可识，则近于象形；察而见意，则近于会意；然物有形也，而事无形。会两字之义，以为一字之义，而后可会；而'丄''丅'两体，固非古本切之'丨'，于悉切之'一'也。明于此，指事不得混于象形，更不得混于会意矣。"根据王氏的主张，我们可以替指事下一个简明的定义如下：

"凡独体文，或两体三体而有一体不成文或全体不成文的文字；没有形可象，没有意可会者，叫做'指事'。"

〔附注〕："不成文"即不是独立的字母。

二　指事分类

指事分类，有下举三家的分法：

（甲）郑樵的分法：（一）正生；（二）兼生；又分事兼声、事兼形、事兼意三类。

（乙）杨桓的分法：（一）直指其事；（二）以形指形；（三）以意指意；（四）以意指形；（五）以形指意；（六）以注指形；（七）以注指意；（八）以声指形；（九）以声指意。

（丙）王贯山的分法：（一）正例；（二）变例。

这三家中，郑樵的分法，条例虽不错；而每类所收的字例，标准混乱；往往把合体的会意，混作指事。杨桓因误认指事在会意之后，所以有九类的分法，错误自不必说；至于他所收的字例，较郑樵更乖谬，没有采取的价值。现在本王贯山的分法，在下节详细说明。

三　指事正例

凡独体的初文，不是象有形之物的，都属于指事的正例，略举几例于下：

“一”“上”“下”“亅”“八”“丩”“口”“丿”“乙”“九”“乃”“𠂹”“卤”“入”“出”“行”“齊”。

观以上所举，我们应该知道指事和象形的界限，应该以文字的性质区别，不应该以文字的形式来区别。例如：“八”“丩”“口”“丿”四文，许叔重说是象形，其实和“上”“下”没有区别。“八”虽是象分别的形状，但究竟是什么物件的分别；“丩”虽是象纠缭的形状，但究竟是什么物件的形状；和“上”“下”的虚指其事，同一条例。至于“𠂹”“卤”“齊”三文，虽有一定的形状；但“𠂹”是花叶的下垂，不是花叶；“卤”是果实的累累貌，不是果实；“齊”是禾穗的整齐，不是禾穗；仍是虚事而不是实物，这是不能和象形相混的很明显的界限。

四 指事变例

独体文不是象有形之物的，都属于指事，上节已经说明了。但是也有合体文字，不象有形之物；而其组合的原素，一成文一不成文，或几个个体中有一个不成文。在六书的条例上，不能归于会意、形声的，便是指事变例。举八例于下：

（甲）以会意定指事：例如“示”天象的表示和观察示象的意义：从“二”（即上）是会意，“小”指日月星的下垂，是指事。

（乙）以会意为指事：例如“嵒”多言的意思；“品”从三口是会意，“山”不是山水的“山”字，“山”不成文，是指事。

（丙）指事兼声：例如“朮”草木水火的形状，从“八”声。

（丁）增体指事：例如“禾（原书为“朩”）”树木曲头止不能上的意义；增“丿”在“木”上，表示曲头。

（戊）省体指事：例如“凵”张口，省“口”以指事。

（己）形不可象变为指事：例如“刃”用“丶”表示刀刃。

（庚）借形为指事：例如“不”从“一”从“巾”；

“”象鳥，“一”即是天，借鳥飞上不下的形状，指出“不能”“不可”的事。

（辛）借形为指事而兼意：例如“高”，“冂”象界，“口”和仓舍的“口”同意，象築，借台观崇高的形，指高低的事，再兼“築”的会意。

第四章　会意释例

一　会意概说

许叔重定义会意说："会意者，比类合谊，以见指㧑；'武''信'是也。"会意一例，许氏的解说本很明白，自从郑樵作《六书略》，会意一类，所收的文字，许多错误。例如把并木为"林"，归在会意里；把并山为"屾"，又归在象形里。重夕为"多"，重戈为"戋"之类，入于会意；而重火为"炎"，重田为"畕"，又归入象形里。以致后人每每有会意和象形相通的误解。许氏会意的定义，段玉裁、王筠二人解释最明晰；其他唐、宋、元、明各家，虽大致不违背许君宗旨；但解释不及段、王二人精到。现在根据二人的解释，再简括的定义于下：

"会合两文三文的意义，成一个字的意义，便是会意。

例如‘信’字的意义，是由‘人’‘言’两文会合而成的。”

二　会意分类

会意的分类，有下列七家分法：

（甲）郑樵的分法：（一）正生；又分同母之合、异母之合两类。（二）续生。

（乙）杨桓的分法：（一）天运之意；（二）地体之意；（三）人体之意；（四）人伦之意；（五）人伦事意；（六）人品之意；（七）人品事意；（八）数目之意；（九）采色之意；（十）宫室之意；（十一）衣服之意；（十二）饮食之意；（十三）器用之意；（十四）飞走之意；（十五）虫鱼之意；（十六）生植之意。

（丙）吴元满的分法：（一）正生；又分本体会意、合体会意、二体会意、三体会意四类。（二）变生；又分省体会意、意兼声两类。

（丁）赵宧光的分法：（一）同体；（二）异体；（三）省体；（四）让体；（五）破体；（六）变体；（七）侧倒。

（戊）郑知同的分法：（一）正例；（二）变例；又分重形、意兼形、反形、意兼声、省旁五类。

（己）近人某君的分法：（一）纯例；（二）意兼形；（三）意兼事；（四）意兼声。

（庚）王贯山的分法：（一）正例；（二）变例。

以上所举，以杨氏的分法，最无足取，其他各家，也不能尽善。这里还是本王贯山的分法，稍加变通，在下节说明。

三 会意正例

会合几个文字，成一个文字，意义相附属，而没有兼其他条例的，即是会意的正例。会意的方法，可分下列四项：

（甲）顺递为义：例如分牛为“半”；八（即背）厶为“公”。

（乙）并峙为义：例如“分”从“八”（分别）“刀”；两文意不连贯，并峙见义。

（丙）配合部位为义：例如，“闰”从王在门中；“益”从水在皿上，若移置部位，便不能成意。

（丁）叠文为义：例如两目为“䀠”；两木为“林”。

上举四例，以第一例最纯，正和许叔重所举“武”“信”两例相合；其余三例，也都是正例，因其所取义的都成文，和意兼形不同；所从的文都有义，和意兼事不同；并且无所兼，无所省，无所增，无所反倒，虽与第一例稍有差别，但不能归于变例。

四　会意变例

会意变例，略举下列八例：

（甲）会意兼形：例如“牢”从“牛”，“冬”省；“冬”省是借为牢的形，不是意。

（乙）会意兼事：例如“登”解作上车；从“癶”是会意；从“豆”是指事，《说文》虽解“豆”为象登车形，但“登”是上车，是虚事，不是实物，所以仍是指事，不是象形。

（丙）意外加形：例如“爨”从“臼”。“冂”“大”（即廾）“林”“火”是会意，“冃”是加的形。

（丁）变文会意：例如“屯”，草木难出的意思；从“一”即地，从“屮”即变“屮”形。

（戊）增文会意：例如“廴”长行；从“彳”引长，“彳”是小步。

（己）省文会意：例如“梟”，从“鳥”省，鳥头在木上。

（庚）反文会意：例如反“正”为“乏”（即乏）；“正”是受矢，“乏”是拒矢。

（辛）倒文会意：例如“帀”从倒“㞢”；“㞢”是出，倒出便是周帀。

上举八例，都是会意的变例。此外还有一例，可以说是变例中的变例——意会在文字的空白处；例如“爽”从“㸚”会窗隙的意思。讲会意的又有两例：

（甲）以展转相从的字会意。

（乙）所从都是省文的会意。

著者因上列两例，《说文》中不多见，便不举以为例了。

第五章　形声释例

一　形声概说

六书的应用，形声最广，也最便利。许叔重说明形声说："形声者，以事为名，取譬相成；'江''河'是也。"段玉裁解释这段话说："以事为名，谓半义也；取譬相成，谓半声也；'江''河'之字，以水为名，譬其声如'工''可'，因取'工''可'成其名。其别于指事象形者，指事象形独体，形声合体。其别于会意者，会意合体主义；形声合体主声。"此段解释，极为明白，形声一例，本很简明；不过有纯例的，有变例的；因此发生枝节。历来解释形声的，大致都相同，这里不必多举。不过关于命名上，有"谐"声和"形"声的异见；著者以"形声"二字，比较概括符实，所以采取"形声"为名。

六书的应用，形声最广。近世研究文字学的学者，都注重声音的研究。章太炎氏著《文始》，用五百十字，演成五六千文字，可以说极声音之妙用；不过他的条例，不便于初学。朱氏骏声、戚氏学标，倡声母的学说：朱氏用一千一百三十七声母，统《说文》全部的字；戚氏用六百四十六声，统《说文》全部的字；虽不能字字即声求义，而文字底声音的应用，可以说是包括无遗了。这里将朱氏、戚氏所著的书，各节录一条于下：

（甲）朱骏声的条例（见《说文通训定声》）

“东”　声母，从“东”得声的四字。

“重”　从“东”省声；从“重”得声的九字。

“童”　从“重”省声；从“童”得声的十三字。

“龙”　从“童”省声；从“龙”得声的十九字。

（乙）戚学标的条例（见《汉学谐声》）

“一”声母

“聿”，“一”声；从“聿”得声的三字。

“乎”，“一”声；从“乎”得声的十字。

“血”，“一”声；从“血”得声的三字。

"七"，"一"声；从"七"得声的三字。

"立"，"一"声；从"立"得声的十二字。

"戌"，"一"声；从"戌"得声的二十四字。

"日"，"一"声；从"日"得声的三十字。

"末"，"一"声；从"末"得声的五字。

"兀"，"一"声；从"兀"得声的三十字。

"不"，"一"声；从"不"得声的三十九字。

"音"，"一"声；从"音"得声的二十九字。

据以上所举，可见声音和文字关系的密切了。

二　形声分类

形声的分类，有下列四家的分法：

（甲）郑樵的分法：（一）正生；（二）变生；又分子母同声、母主声、主声不主义、子母互为声、声兼意、三体谐声六类。

（乙）杨桓的分法：（一）本声；（二）谐声；（三）近声；（四）谐近声。——关于配合的方法，杨氏亦分五例：（一）声兼意或不兼意；（二）二体三体；（三）位置配合（例如左形右声，右形左声……等）；（四）散居（即一字分拆配合，例如"黄"从"田""芡"声，"芡"散居上下）；（五）省声。

（丙）赵古则的分法：（一）同声而谐；（二）转声而谐；（三）旁声而谐；（四）正音而谐；（五）旁音而谐。

〔附注〕赵氏所指的声即平上去入四声；音即宫、商、角、徵、羽、半徵、半商七音。

（丁）王贯山的分法：（一）正例；（二）变例。

郑樵《六书略》，所收正生的字二万一千三百四十一字；变生六种，仅四百六十九字；只因他将“主声不主义”归于变生，似不合许氏“取譬相成”的界说，杨桓和赵古则的分法，大致相同，不过赵氏较精密些。至于杨氏所分配合方法的分，如二体三体、位置配合、散居三例，会意亦有，不独是形声有的。现在仍照王氏的分法，详述于后。

三　形声正例

关于形声正例、变例的区别，有两个不同的见解，列举于下：

（甲）段玉裁的见解　段氏说：“形声相合，无意义者，为至纯之例；余皆变例。”

（乙）王贯山的见解　王氏说：“形声之字，断非苟且配合。”

段氏主张形声无意义的是正例；王氏主张有意义的是

正例。著者在上节曾论及郑樵以“主声不主义”归入变例，不合许氏“取譬相成”的界说，所以这里从段氏的见解。

形声正例，即是用形定义，用声谐音，而所取的声不兼义、不省形。例如“河”，从“水”定义，从“可”谐音；“可”不兼意义，亦不省形，略举数例于下：

“唐”　从“口”定义，从“庚”谐音。大言也。

“鸠”　从“鸟”定义，从“九”谐音。

“芝”　从“草”定义，从“之”谐音。

“铜”　从“金”定义，从“同”谐音。

上举四例，和“河”字同，都是纯粹的正例。——形声正例，是六书最宽易最简便，所以应用最广。

四　形声变例

形声正例、变例的区别，上节已说明了。——许氏关于形声，曾举出两例：（甲）亦声；（乙）省声。分述于下：

（甲）亦声：关于亦声，有人说即是声兼义，但《说文》中声不兼义的极少，且有许多字许氏并没有注明“亦声”的，也是声兼义。例如“仲”“衷”“忠”三字，从“中”得声，都有“中”的意义。“证”“证”“政”三字，从“正”得声，都有“正”的意义；许氏并没有说是亦声，而都是声兼义的字。《说文》里形声的字，十之七八是兼义；注明“亦声”的，更是声义相兼。例如“禮”，履也；从“示”从“豊”亦声。“訥”言难也；从“言”从“内”，“内”亦声。声之所在，即义之所在。——关于声与义的关系，上篇已有详细的说明，这里不再细述了。

（乙）省声：省声的原因，不过因笔画太多。删繁就简，以便书写，条例并不复杂。王贯山立出省声的条例四项：

（一）声兼义：例如“瑑”从“篆”省声；“篆”亦义。

（二）所省的字，即与本字通借：例如“商”从“章”省声；“商”“章”通借。

（三）古籀不省：例如“进”閵省声；《玉篇》有古文不省。

（四）所省的字，即所从的字：例如“條”从“保”省声；“條”亦从“筱”省声。

本此四例，求之于《说文》，未免太繁，著者以为省声例很简单，没有再举细例的必要。

形声变例，“亦声”“省声”外，王氏释例，尚有数则，但不足为例，附记于下：

（甲）两借：例如“齋”从“示”“齐”省声；“二”

属上便是齐；属下便是“示”。

（乙）以双声为声：例如“傩”从“难”声；“傩”“难”双声。

著者以为形声变例，有“亦声”“省声”就够了，不必多举不必举的例。

形声的字，有许多是后人增加的；例如“告”从“牛”，而“牿”又加一“牛”。“益”从“水”，而“溢”又加一水；都不合于六书条例，应该废弃。

〔附注〕：关于文字废弃，参看上篇第七章。

第六章　转注释例

一　转注概说

转注一例，古今学者的见解最为复杂。许叔重转注的定义是："建类一首，同意相受；'考''老'是也。"许君的定义，不十分明晰，所举"考""老"两例，又在同部，以致生出许多异说。但许多学者，都以转注为造字的方法，所以立论虽多，终不能通顺。戴东原创"转注是用字的方法，和造字无关"的学说，段玉裁、王筠（原书为"王菉友"）本他的主张，发挥转注的条例，极其通顺。著者赞同戴、段、王诸君的主张；现在将段、王两君的说明，录举于下：

（甲）段玉裁的说明："转注建类一首，同意相受；'考''老'是也。学者多不解，戴先生曰，'老'下云'考'也；'考'下云'老'也；此许氏之指，为异字同义举例也。一其义类，所谓建类一首也。互其训诂，所谓同意相受也。'考''老'适于许书同部，凡许书异部而彼此二字互相释者视此；如'穽'室也；'窒'室也；'袒'裼也；'裼'袒也之类。"

（乙）王筠的说明："建类者，'建'立也；'类'犹人之族类也；如老部中'耄''耋''耆''寿'，皆老之类，故立'老'字为首，是曰一首。何谓相受也？'老'者考也；父为考，尊其老也；然'考'有成义，谓老而德业就也。以老注'考'，以考注'老'，其意相成；故转相为注，遂为转注之律令矣。《说文》分部，原以别其族类，如谱系然；乃字形所拘，或与谱异，是以'蘉''芑'皆嘉谷，而字既从草，不得入于禾部也。'荆''楚'本一木，而'荆'不得入林部；'楚'不得入艸部，故同意相受，或不必建类一首矣。要而论之：转注者，一义数字；何谓其数字也？语有轻重，地分南北，必不能比而同之，故'老'从'人''毛''匕'，会意字也。'考'从'老'省，'丂'声，形声字也。则知转注者，于六书中观其会通也。"

根据上举两君的主张，可见转注是用字的方法，不能和象形等四书相混。因上古时候，有语言没有文字，而各处言语不同；后来文字发明，各根据各地的方言制造文字，因此同一事物，而文字不同。有了转注去会通它，使义同形不同的文字，得到一个归纳，这便是转注的功用。

二 诸家的见解

转注的界说，上面已经根据段、王两君的主张断定了。但是自从唐以来，关于转注的异见，究竟是怎样，不能不给读者简单的报告一下，以免有武断的嫌疑。这里因简省篇幅起见，将各家的主张，归纳几则，列举于下：

（甲）转注即立部首造文字的条例。——江艮庭的主张。

（乙）转注即颠倒文字的形体。——戴侗、贾公彦的主张。

（丙）转注是合二文、三文、四文转相注释而成一字。——杨桓的主张。

（丁）转注和形声相类。——又分下列数家的异见：

（一）形声是同部义不同；转注是部同义同。——徐锴的主张。

（二）转注即是谐声；役他是谐声，役己是转注。——郑樵的主张。

（三）转注是声音并用。——赵宧光的主张。

（四）转注是同声。——赵宧光的主张。

（五）转注是会意字的省声。——曾国藩的主张。

（戊）转注是转声注义。——又分下列数家的异见：

（一）转声注义。——赵古则、吴元满、张有、杨慎的主张。

（二）转义。——贾公彦、张位的主张。

（三）转声。——陆深、王应电、甘雨的主张。

（己）转注和假借相类。——又分下列数家的异见：

（一）同声别义是假借；异声别义是转注。——张有的主张。

（二）转注即是假借；并分出因义转注、无义转注、因转而转三例。——赵古则的主张。

（三）假借借义不借音；转注转音而注义。——杨慎的主张。

（四）转注即引申之义。——朱骏声、章太炎的主张。

上举各家，以江艮庭主张最有势力。他说五百四十部首，即"建类一首"；凡某之属皆从某，即"同意相受"；字面上似乎很圆通，但转注的功用在哪里呢？他说明"示"为部首；从"示"偏旁，注为"神""祇"等字，从"神""祇"注为"祠""祀""祭""祝"等字；从"祠""祀""祭""祝"等字,又注为"祓""禧""福""祐"等字；即是转注的条例。照这样说，转注即是孳乳，在六书中没有单独作用了。并且字非一时所造；既非一时所造，怎么能产生这样有统系的条例——转注呢？著者根据六书的功用，始终承认戴东原的主张，是妥善的解释。

除江氏以外，其他各家，或和会意相混；或和形声相混；或和假借相混；虽纷杂莫衷一是，却有一个共同的错误。——误会转注是造字的方法。关于这一点，可根据许氏所举“老”“考”二字，简单的驳论一下，理由略举两项：

（甲）“考”“老”二字，在《说文》里互相解释。

（乙）“考”是形声，“老”是会意。

在这两项看来，可见转注决不属于造字的条例。明白了这一点，便可明白各家错误的症结和转注的真面目。

三 转注举例

戴东原说：“转相为注，犹相互为训；‘老’注‘考’，‘考’注‘老’，《尔雅》有多至四十字共一义者，即转注之法。”根据戴君的说明，转注是没有正例变例。关于转注的条例，在《说文》里，可以归纳下列四则：

（甲）同声转注：例如“莱”，蔾也；“蔾”，莱也。

（乙）不同声转注：例如“菱”芰也；“芰”蔆也。楚谓之“芰”；秦谓之“薢茩”。

（丙）隔字转注：例如“论”议也；“议”语也；“语”

论也。

（丁）互见为转注：例如“譀”诞也；“夸”譀也；“诞”词诞也；“讶”譀也。

根据上例，无论声同或不同，凡数字共一意义的，都是转注。转注的例证，除《说文》外，尚有《尔雅》；郭璞说：“《尔雅》所以释古今之异言，通方俗之殊语。”正是转注的确解。略举《尔雅》的例证如下：

“初”“哉”“首”“基”“肇”“祖”“元”“胎”“俶”“落”“权”“舆”，始也——十二字都是“始”的意义，便用“始”字注释。

“弘”“廓”“宏”“溥”“介”“纯”“夏”“幠”“庞”“坟”“嘏”“丕”“奕”“洪”“诞”“戎”“骏”“假”“京”“硕”“濯”“訏”“宇”“穹”“壬”“路”“淫”“甫”“景”“废”“壮”“冢”“简”“箌”“昄”“晊”“将”“业”“席”——三十九字都是“大”的意义，便用“大”字注释。

根据上例，可以证明不同部也可以转注的。

四　转注的功用

转注和六书其他条例一样，自有它的特殊的功用，不能和其他条例相混。转注的功用，可概举下列两项：

（甲）汇通方言：例如同是“哀”的意义：齐鲁说

“矜”；陈楚说“悼”；赵魏燕代说“悛”；楚北说“怃”；秦晋或说“矜”，或说“悼”；倘使没有“哀”字来注释，便不能使人明白了。

（乙）汇通同义异用的文字：例如“园”“圃”本是一物，但“园”是种果的，“圃”是种菜的（考、老即是此例），用虽不同，义却相通。

转注的功用，总括说，便是汇通同义不同形的文字，归纳一个解释。若据每个转注的字例说，不但六书的条例不同，即意义也各有专用的。

第七章　假借释例

一　假借概说

古人本象形、指事、会意和形声四法，制造文字，以代替言语的作用。有一件事物，即有一个文字，本没有什么假借。但是宇宙间事物，没有穷限；若必每一件事物，每一句言语，都有一个单独的文字代替，在造字的方法上，未免要感着穷的困难。例如县令的"令"，若不假借号令的"令"字，而另造一字，四书的方法，没有一法可用，即使可用形声的方法，也不能表现的十分准确适合；因此便根据"县令是发施号令者"的概念，借号令的"令"字来代替。这便是假借的根本作用。

许叔重定义假借说："本无其字，依声托事。"所谓"本无其字"，便是本没有县令的"令"字，所谓"依声托事”，便是依号“令”的字声，托号“令”的字义，而制造县令的“令”字。合声义而假借，用字便不虑穷限了。

有人说：“有造字的假借，有用字的假借；本无其字的假借，是造字的假借；本有其字的假借，是用字的假借。许氏所说的假借，是造字的假借，和用字没有关系，可见假借是造字的方法。”这话是不对的，假借是因为没有造这文字，用来救济文字的穷限，并没有另造，仍是用字的方法，而不是造字的方法。例如《说文》“来”假借来麰字，以为行来的“来”，便不另造行来的来字。至于本有其字的假借，《说文》里并不是没有。例如本有“賢”字，“臤”字下说：“古文以为‘賢’字。”便不能说，《说文》里假借和用字没有关系了。

有许多学者，将假借的条例和转注相混，说：“声同义不相同者，谓之假借；义相蒙者，谓之转注。”这是因转注的条例没有研究清楚的缘故。转注和假借，条例和作用绝不相同，转注是数字一义，汇通文字的异形同义；假借是一字数义，救济文字的穷尽。界限很清楚。

又有人说，“假借即是‘引申’”。“引申”本不是六书的条例，当然不能另立“引申”一例。谓“引申”，即是引申字义而假借的意思，和孳乳字形而成字一样。

假借的条例，概括的说，便是借另一个字，代替这一个字；条例极简易，不必多说了。

二　假借分类

假借一例，历来都没有精确的分类。郑樵分假借为十二类，大要也不过借音、借义两种。其他自元明以来的学者，对于假借的分类，都没有什么贡献。王筠著《说文释例》，也没有分类。我们根据许叔重假借的定义，似当分假借为两例：

（甲）借义。

（乙）借声。

但是，从《说文》上检查，凡假借的字，大都是声义相兼。例如“西”字，日在西方，鸟便栖宿；可见“西”字本有东西的意义，这种假借，可以说是正例；即本无字的假借。其他声韵相近而意义或相合或不相合的假借，如借“雕”为“琱”，借“妖”为“祅”；郑康成所谓“仓卒无其字”。随便借用的，便是变例；即本有其字的假借。本这两例，详记于下。

三　假借正例

许氏假借的定义说：“本无其字，依声托事，‘令’‘长’是也。”因古人思想质朴，造字不多，声义倘稍通的，便假借通用。举例如下：

“令”：本为号令的令字，假借为县令的令字。
“长”：本为长久的长字，假借为长幼的长字。

以上两例，即许氏所举，为假借最纯粹的。

“来”：本为瑞麦的名词，假借为行来的来字。
“乌”：本为乌鸦的乌字，假借为乌呼的乌字。

以上两例，《说文》注“以为”二字——如而以为行来之来——其实和前例相同。

“理”：本为攻玉的理字，假借为义理的理字。
“道”：本为道路的道字，假借为道德的道字。

以上两例，许氏虽未明言，但亦当归于本无其字之例。

中国字，一形必兼数义；有本义、有借义；所借的字，当时并没有本字，后人也没有造，便是假借的正例。

假借正例，有人误为转注；有人说是引申；有人说是造字的假借；前节已有详细的说明，不再赘述了。

四　假借变例

自有了假借正例以后，即本有其字的，用字者在仓卒之间，不得本字，也假借声同义近或义不近的文字来代替，便是假借的变例。举例于下：

"洒"：古文以为灑扫字。

"臤"：古文以为賢字。

以上两例，《说文》注明"古文以为"，即本有其字，古有假借为用的，有人说："这种假借字，或者古时本没有本字；所有本字，是后人制造的，不能说是本有其字的假借。"这话固然也有理，其实不尽然，试再看下例：

"黨"：借不鲜的黨字，为朋攩的攩字。

"專"：借六寸簿的專字，为嫥壹的嫥字。

"省"：借省视的省字，为减媘的媘字。

"羽"：借羽毛的羽字，为五音的霸字。

"气"：借馈客刍米的氣字，为云气的气字。

"私"：借禾谷的私字，为公厶的厶字。

"蒙"：借草名的蒙字，为冡覆的冡字。

“两”：借铢两的两字，为三网的网字。

以上八例，都从古籍中举出；或借字为后制的字，或借字为先制的字，可以证明“古无本字，所有本字，都是后人所制”的说法，是不的确的。

假借变例的发生，原因是古代的学问，教师用口讲授，学生耳听笔记；出于教师的口是本字，学生听到耳里再记出来，便成了借字；所以这种假借，本字和借字，不是双声，即是叠韵。略举例如下：

（甲）双声的：例如《周易》：“‘箕’子明夷”，赵宾作“荄”，“箕”“荄”双声。《尚书》：“‘平’章百姓”，《史记》作“便”，“平”“便”双声。

（乙）叠韵的：例如《周易》：“‘彪’蒙吉”，汉碑作“包”，“彪”“包”叠韵。《尚书》：“‘方’鸠僝功”，《说文》作“旁”，“方”“旁”叠韵。

假借变例，大都可用此两例去求。

假借变例，似应分为两类：

（甲）依声托事。

（乙）依声不托事。

两类中，（甲）类很少，（乙）类很多；所谓“依声不托事”，即义不相合，而声必相通的意思。我们明白了双声叠韵的原则，便可明白假借的变例；即读中国古书，也可减省许多困难。（例如读《尚书》的“光被四表”，便知道“光”是“横”的假借字。）假借一例，在中国文字中，关系很大的。

下编　研究书目

第一章　说文

（甲）关于许氏《说文》：

研究文字学，多以许氏《说文》为主。许氏《说文》原本，被唐李阳冰所乱，久已不可得见；即李阳冰改本，亦早已佚失。今《说文解字》传本最古者，只有下列二书：

1.《说文解字》三十卷　徐铉著。按今世通行大徐《说文》，孙星衍校刊本最佳；次淮南书局翻汲古阁第四次本尚可；商务印书馆影印藤花榭本，错误太多必不可用。

2.《说文解字系传》四十卷　徐锴著。按今世通行小徐《说文》，江苏书局祁刻本为佳；因祁据顾千里校宋抄本，及汪士钟所藏宋残本付刊；又经过李申耆、承培元、苗仙簏三人的手校。龙威秘书本，据乾隆时汪启淑刊本，讹臆错乱，一无足观，惟附录一卷，足资参考。

徐铉、徐锴，世称为大徐小徐，宋扬州广陵人。二徐著作，为研究文字学必读的书。二书比较，铉比锴精；谐声读若的字，锴较铉多。学者可由锴书，求形声相生、音义相转的原则。小徐书现在所存，是宋张次立更定的；小徐真面目，仅见于黄公绍《韵会举要》，读小徐书的，须和《韵会》校读。（注：钮树玉《说文校录》，已本《韵会》校正。）

（乙）关于二徐《说文》的校订：

1.《汲古阁说文订》一卷　段玉裁著。书成于嘉庆二年，自序说："今合始一终亥四宋本，及宋刊明刊《五音韵谱》，及《集韵》《类篇》称引铉本者，以校毛氏节次剜改之铉本，详记其驳异之处，所以存铉本之真面目，使学者家有真铉本而已。"按是书附刊段注《说文》后。

2.《汲古阁说文解字校记》一卷　张行孚著。书成于光绪七年，自序说："汲古阁《说文》，有未改已改两本；乾嘉诸老，皆称未改本为胜，而未改本传世绝少；洪琴西从荆塘义学，假得毛斧季第四次所校样本，摹刊于淮南书局，行孚取已改本，互校异同，汇而录之。"按是书附刊淮南书局大徐《说文》后。

3.《说文校录》三十卷　严可均、姚文田同著。书成于嘉庆丙寅，自序说："《说文》未明，无以治经；由宋迄今，仅存二徐本，而铉本尤盛行，谬讹百出，学者何所依准？余肆力十年，始为此校议；姚氏之说，亦在其中。凡所举三千四百四十条，皆援古书，注明出处，疑出缺之，不敢谓尽复许氏之旧；以视铉本，居然改观矣。”按是书归安姚氏刊本。

4.《说文解字校录》三十卷　钮树玉著。书成于嘉庆十年，自序说："毛氏之失，宋本及《五音韵谱》《集韵》《类篇》，足以正之。大徐之失，《系传》《韵会举要》，足以正之。至少温之失，可以纠正者，唯《玉篇》最古，因取《玉篇》为主，旁及诸书所列，悉录其异，互相参考。"又说："《韵会》采元本，其引《说文》多与《系传》合，故备录以正《系传》之讹。"按是书江苏书局刊本。

段氏、张氏所订正的，在于复徐氏之旧；严氏、钮氏所订正者，在于复许氏之旧。钮氏以许书之乱，由于阳冰；《玉篇》成于梁大同九年，在阳冰之前，故可以订正阳冰之失。要之，这四种订正书，都可为读二徐书的参考。

小徐书虽说胜于大徐，但各有长短，各有异同。关于笺异二徐书的，有下举田氏的著作。

5.《说文二徐笺异》二卷　田吴炤著。书成于光绪丙申，自序说："二徐异从，各有所本，亦各有所见；诸书所引，或合大徐，或合小徐；不必据此疑彼，据彼疑此；

亦不必过信他书，反疑本书。……段氏若膺曰，二徐异处，当胪列之，以俟考订，用师其意，精心校勘；凡二徐异处。……类皆先举其文，考之群书，实事求是，便下己意，以为识别。”按是书影印手写本。

以上诸书，学者参校阅读，关于许书的真本、二徐的得失，当可知其大概。至于徐书说而未详的，清代学者，都考订疏证过，下列许氏所编的书，可资参考。

6.《说文徐氏未详说》一卷　许溎祥编。书成于光绪十四年；最录何焯、吴夌云、惠栋、钱大昕、钱大昭、钱坫、孔广森、陈诗庭、段玉裁、桂馥、王念孙、王煦、王绍兰、王筠、钮树玉、姚文田、严可均、徐承庆、苗夔、郑珍、朱骏声、朱士端、李枝青、许棫、张行孚等二十五家订徐的论著，编为一卷，极便学者。

（丙）关于《说文》注解：

1.《说文解字注》三十卷　段玉裁著。此书注解，始于乾隆庚子，先编长编，再简练成注，刻于嘉庆乙亥，前后凡三十六年，用力的勤谨，可以想见。但成书时年已七十，不能亲自改正失误和校雠，不免有错误处。是书原刻本不容易找，通行的有湖北崇文书局本。

《说文》的注解，段氏的著作最精博；虽删改的地方，不免武断，但据莫芝友所得唐写本《说文·木部》，和今本异同处很多；与段注相校，凡经过段氏删改的，或多相合；可见段氏的删改，必经几番审慎，不是轻心任意的。

段氏书于六书条例，很多发明；对于考证上，博引精审，读者每易忽略，这里略本马寿龄的发现，举例于下：

（一）辨别误字；（二）辨别讹音；（三）辨别通用字；（四）辨别《说文》所无字；（五）辨别俗字；（六）辨别假借字；（七）辨别引经异字；（八）辨别异解字。

2.《说文义证》五十卷　桂未谷著。灵石杨氏连云簃校刻，刻后未大通行，其家书版，都入质库，世少传本。同治九年，张之洞复刻于湖北崇文书局。桂氏书和段氏不同，段氏猝于改删，近于主观；桂氏仅胪列古书，不下己意，近于客观，两书都有相当价值。桂氏书较难读，因其胪列古书，近于类书；其实桂书自有条例，须学者自求；王筠举出两例：（一）前说未尽，则以后说补苴之；（二）前说有误，则以后说辨正之。——至于书中所引据的，泛及词藻，亦须辨别。

3.《说文句读》三十卷　王筠著。书成于道光庚戌，第三十卷里，附录蒋和编的《说文部首表》；严可均编的《许君事迹考》和《说文校义通论》；并节录毛氏、桂氏之说，和小徐《系述》，大徐《校定说文序》《进说文表》等。按是书有山东刊本，通行的，四川尊经书局刊本。

王氏书隐含订正段的意思，但非专为订段而作。自序说：“余辑是书，别有注意之端，与段氏不尽同者凡五事。”列举于下：

（一）删篆；（二）一贯；（三）反经；（四）正雅；（五）特识。

4.《说文解字斠诠》十四卷　钱坫著。此书篆文，钱氏自写上版，最为精慎；但原刻不容易得；通行的光绪间淮南书局重刊。

钱氏此书，虽与严氏《说文校议》、钮氏《说文解字校录》，性质相同；但范围较广，不属于二徐附庸。书例有八：

（一）斠毛斧扆刊本之误；（二）斠宋本徐铉官本之误；（三）斠徐锴系传本之误；（四）斠唐以前本之误；（五）诠许氏之字，只应作此解，不应以傍解仍用，而使正义反晦；（六）诠许氏之读如此，而后人误读，遂使误读通行，而本音反晦；（七）诠经传只一字，而许氏有数字；（八）诠经传则数字，而许氏只一字。

前四例是“斠”，与严氏、钮氏的著作，性质相同；后四例是“诠”，范围加广。此例尚有两特点：（一）引今语今物以为证验；（二）明古今递变之字。

（丁）关于段注《说文》的纠正：

段注《说文》，虽公认是精博的佳作；但反对段氏的论著，亦应参读，以免为一家的学说所囿。

1.《说文解字段注匡缪》八卷　徐承庆著。思进斋刊本。

此书匡段氏缪处，有十五则：

（一）便辞巧说，破坏形体之缪；（二）臆决专辄，诡更正文之缪；（三）依他书改本书之缪；（四）以他书乱本书之缪；（五）以臆说为得理之缪；（六）擅改古书，以成曲说之缪；（七）创为异说，诬视罔听之缪；（八）敢为高论，轻侮道术之缪；（九）似是而非之缪；（十）不知阙疑之缪；（十一）信所不当信之缪；（十二）疑所不必疑之缪；（十三）自相矛盾之缪；（十四）检阅粗疏之缪；（十五）乖于体例之缪。

徐氏书，据著者考查，有是有非，全书对于段著的纠正怎样，学者可由研究的结果得之。

2.《段氏说文注订》八卷　钮树玉著。书成于道光癸未；树玉是钱竹汀的学生，曾用《玉篇》校《说文》，此书亦多本《玉篇》，论辨态度，较徐氏平静。按是书碧螺山馆刊本；通行的，湖北崇文书局刊本。

钮氏订段处，有六例：

（一）许书解字，大都本诸经籍之最先者，段氏自立条例，以为必用本字；（二）古无韵书，段氏创十七部，以绳九千余文；（三）六书转注，本在同部；故云建类一首，段氏以为诸字音恉略同，义可互受；（四）凡引证之文，当同本文，段氏或别易一字，以为引经会意；（五）字者孳乳浸多，段氏以音义相同，及诸书失引者，辄疑为浅人所增；（六）陆氏《释文》，孔氏《正义》，所引《说文》多误；《韵会》虽本《系传》，而自有增改，段氏则一一笃信。

钮氏此书，亦有是有非，读者可研究而求之。

3.《说文段注补订》十四卷　王绍兰著。书著于嘉庆时，世人不知；光绪十四年胡燏棻始求得刻之。前有李鸿章、潘祖荫序；后有燏棻自跋。今胡刻本不容易找，近刘翰怡有刻本，自跋说："此稿海宁许子颂所藏，拟编入许学丛刻者，今赠承幹刻之；然视胡刻本略少二分之一，非完本也。"

王氏此书，有二例：（一）订；（一）补。订者订正段氏的错误；补者补段氏的忽略，较徐氏、钮氏的书，更为丰富，持论亦较平实。此外有冯桂芬的《段注说文考正》，著者未曾见过；下列笔记数种，可资参考：

4.《说文段注札记》　龚自珍著。

5.《说文段注札记》　徐松著。上列札记两种，都未曾成书；湘潭刘肇偶编校。刘序说："光绪丁酉冬，馆何氏，长孺世兄，出其《说文段注》，前有大兴徐氏藏图籍印；星伯校读印；徐录龚说于上方，自识者以松按别之。书中龚校，有记段口授与成书异者；有申明段所未详者；亦是竭数日之力，条而钞之。凡有松按，别为一纸。"按二札记观古堂汇刊本。

6.《说文段注钞及补钞》 桂馥著。是书湘潭刘肇偶校录；叶德辉说："《说文段注钞》一册，又《补钞》一册，为桂未谷先生手抄真迹，各条下间加按语，有纠正段注之处，亦有引申段注之处。"按是书观古堂汇刊本。

7.《读段注说文札记》 邹伯奇著。此札记亦未成书；邹自写书首说："段氏注《说文》数十年，随时修改，未经点勘，其说遂多不能画一；兹随记数条，以见一斑。"按此札记邹徵君存稿本。

以上四书，虽未曾成卷帙，但很多精粹的论述。龚氏之学，出于段氏，并且亲承口授。桂氏《说文》学很深，所记有独得之处。邹氏以段校段，确能指出段氏不能画一的弊病。——下列马氏书，亦可为读段注的门径。

8.《说文段注撰要》九卷　马寿龄著。书成于同治甲戌，将段注摘要分类录之，颇便初学。按此书家刊本。

（戊）关于六书条例的解释：

1.《六书略》五卷 郑樵著。书在《通志》内。

此书不以许书为根据；许书总计九千三百五十三字，此书收二万四千二百三十五字，超过许书两倍有余，所释六书条例，亦与许书不合。并且列举字例，很多出入。

2.《六书统》三十卷 杨桓著。书不易找，近世无翻刻本。

杨氏此书，变乱古文，很多穿凿附会；所释六书条例，较郑氏更为违背六书的真旨。

3.《说文释例》二十卷 王筠著。此书目录：卷一六书总说、指事；卷二象形；卷三形声、亦声、省声、一全一省、两借、以双声字为声、一字数音；卷四形声之失、会意、转注；卷五假借、彣饰、籀文好重叠、或体、俗体；卷六同部重文；卷七异部重文；卷八分别文、累增字、叠文同异、体同音义异、互从；卷九展转相从、母从子、《说文》与经典互易字、列文次第、列文变例；卷十说解正例，说解变例，一曰；卷十一非字者不出于解说，同意、阙、读直指、读若本义、读同；卷十二读若引谚、读声同字、双声叠韵、脱文、衍文；卷十三误字、补篆；卷十四删篆、移篆、改篆、观文、纠徐、钞存；卷十五以下存疑。按此书有四川、山东两刊本，上海有石印本。

王氏此书，解释六书条例，确得许氏之旨，研究《说文》学的，可以此书为门径。

4.《说文发疑》六卷　张行孚著。此书目录：卷一六书次第：指事、转注、假借；卷二《说文》读若例，《说文》或体不可废；卷三小篆多古籀文，古文一字数用，同部异部重文中有古今文，《说文》与经典不同字，《说文》与经典相同之义见于他字解说中，《说文》解说不可过深求，《说文》解说中字通用假借，字音每象物声；卷四《说文》逸字；卷五《说文》逸字识误：唐人引《说文》例；卷六释字。是书光绪十年刻。

张氏此书，很有创见；例如说"小篆多古籀"，现在以甲文、金文证明，足征不谬。其他如读若举例，唐人引《说文》举例等例，极能会萃群书，得其条例。

5.《六书古微》十卷　叶德辉著。此书目录：卷一指事；卷二象形；卷三形声；卷四会意；卷五转注；卷六假借；卷七《说文》各部重见字及有部无属从字例；卷八《说文解字》阙义释例；卷九卷十释字。六书假借即本字说。按是书观古堂刊本。

叶氏此书，发明虽微，但以本书证本书，佐证经、史和周、秦、两汉诸子之书，颇为征实。叶氏学问，祖述王念孙父子及阮元，不满意戴震、段玉裁，故其著书的旨趣如是。

6.《六书说》 江艮庭著。《益雅堂丛书》本。

江氏六书中重要的主张是："象形、会意、谐声，三者是其正；指事、转注、假借，三者是其贰。指事统于形，假借统于声。"此说极不明晰。又江氏关于转注的主张，中篇里已有叙述，这里不再赘述。

7.《说文浅说》 郑知同著。《益雅堂丛书》本。

郑氏六书分类，已在中篇举引。郑氏以为增加偏旁，是转注的条例，和江氏又不同。

8.《转注古义考》 曹仁虎著。此书《许学丛书》本；《益雅堂丛书》本；《艺海珠尘》本。

曹氏说明转注说："谓建类一首，则必其字部之相同，而字部异者非转注；同意相受，则必其字义之相合，而字义殊者非转注。"此书虽不可视为定论，但备录诸家转注的说明而逐条论辨，足资参考。

（己）关于《说文》书例的研究：

1.《说文释例》二十卷 见前。

2.《说文发疑》六卷 见前。

3.《说文举例》 陈瑑著。《许学丛书》本。此书本钱大昕《养新录》所举：（一）《说文》有举一反三之例；（二）有连上篆句读之例两项，更扩充列举；（三）有以形为声之例；（四）有读若之字，或取转声之例；（五）有称经不显著声名之例；（六）有称取经师说之例；（七）有所有异文皆经典正文之例；（八）有分部兼形声会意之例；（九）有分部非某之属，虽从某而分归诸部之例；（十）有分部不以省文之例；（十一）有两部并收，文异义同诸例；（十二）有用纬书说之例。

此书举例虽多，未免繁琐，不足比拟钱氏。

4.《说文义例》　王宗诚著。《昭代丛书》本。

此书没有什么发明，不过贯穿诸家的论述。后附王绍兰《小学字解》一篇。

5.《说文释例》二卷　江子兰著。咸丰间李氏刻本。

江氏为艮庭之子，又从师段茂堂。此书一释字例，一释音例；但此书似非完本。

6.《说文五翼》八卷　王空桐著。光绪间观海楼重刻本。

此书所谓五翼即：（一）证音；（二）诂义；（三）拾遗；（四）去复；（五）检字。证音、诂义两项，颇有精意，其余无甚重要。

（庚）关于《说文》学札记和简短著作：

1.《读说文记》十五卷　惠定宇著。是书惠氏随手札记，未经告成；他的学生江艮庭用惠氏原本参补。《借月山房汇钞》本。

2.《读说文记》十五卷 席世昌著。嘉庆年间刊,《借月山房汇钞》本。

此书条例有四项:(一)疏证许注之所难解,而他书可证明者;(二)补漏他书引《说文》,而或多或少,异于今本者;又此部不备,而他部注中确可移补者;(三)纠误注文,为后人附会窜乱,而确有可据,以证其谬讹者;又六经讹字,可据《说文》,推原而校正者;(四)最取马郑诸儒之训诂,与许氏不合者。——观其条例,很可成为一家的学问,可惜未成书就死了;同里黄廷鉴,替他连缀删改,成就此书。席氏著书的旨趣,和惠氏相同,在于校正六经。

3.《读说文记》 王念孙著。《许学丛书》本。

王氏从戴东原学,通声音文字训诂的学术。此书虽仅三十余条,大半可正二徐的错误。

4.《读说文杂识》 许棫著。光绪间刊本。

许氏此著,或录他人的学说,或记自己的意见;亦有本是他人的学说,即以为自己所有的。

5.《读说文记》 许梿著。《古韵阁遗著》本。

许氏此著,是为编纂《说文解字统笺》的预备。

6.《说文广义》三卷 王夫之著。《船山遗书》本。

王氏此著,虽未见始一终亥的《说文》,但思想精邃,有独到之处。

7.《说文辨疑》一卷　顾广圻著。《许学丛书》本；《聚学轩丛书》本；《雷氏八种》本；崇文书局本。

此书在订正严可均《说文校议》的错误。

8.《读说文证疑》一卷　陈诗庭著。《许学丛书》本。

此书系引群书，解释《说文》难解的语句。

9.《小学说》一卷　吴夌云著。《吴氏遗书》本。

吴氏此书，在明声随义转的原则。

10.《说文管见》三卷　胡秉虔著。《聚学轩丛书》本。

胡氏此书，以《说文》考古音说，一句数义说，分部说诸篇，很精。

11.《说文述谊》二卷　毛际盛著。《聚学轩丛书》本。

毛氏是钱竹汀的学生，守钱氏家法；此书只会萃群书，疏通证明，不作驳难。

12.《说文职墨》三卷　于鬯著。《南菁书院丛书》本。

13.《说文订订》（原书为"《说文正订》"）一卷　严可均著。《许学丛刻》本（原书为"许学轩丛书"）。

14.《说文校定本》二卷　朱士端著。咫进斋及《春雨楼丛书》本。

15.《说文系传考异》一卷《附录》一卷　汪宪著。《述史楼丛书》本。

以上四书，足为二徐书的考订。

16.《说文解字索隐》一卷《补例》一卷 张度著。《灵鹣阁丛书》本。

此书系明六书条例。

（辛）关于《说文》的偏旁部首：

偏旁部首，即独体的初文，或名字原。世传苍颉造字，现在已不能证明哪几个文是苍颉所制；元吾邱衍，清马国翰主张《说文》五百四十部首，是苍颉的旧文；其实《说文》部首，决非尽为苍颉所制，不过比较可以说是初文罢了。关于《说文》五百四十部首研究的著作，较古的，有李阳冰的《说文字原》，僧梦英的《篆书偏旁》，林罕的《字原偏旁》，郭忠恕的《说文字原》，现在书皆不见，不能知其内容。近人著作，可举下列数种：

1.《五经文字偏旁考》三卷 蒋骐昌著。清乾隆五十九年刊，篆文与隶书并列，并略考篆隶笔画的变迁。

2.《说文偏旁考》二卷 吴照著。清乾隆时刊，篆文古文隶书并列，亦略考篆隶笔画的变迁。

3.《说文字原韵》二卷 胡重著。清嘉庆十六年刊，取部首五百四十，依《广韵·韵目》分列，并没有注释；仅足为检查部首之用。

4.《说文提要》一卷 陈达侯著。清同治十一年刊。

5.《说文揭原》二卷　张行孚著。清光绪间刊。

以上诸书，大概将五百四十部首，略为注释，或并无注释，仅足为初学的门径，无甚重要。

6.《说文建首字读》一卷　苗夔著。清咸丰元年刊，苗氏四种本。

苗氏此书，将五百四十部首点为句读，句用点，韵用圈，间句韵用双圈，隔句韵用双点，自谓六朝五代以来，读字错误，都是不知此例；但著者虽曾阅读，不能了解他的条例。

7.《说文部首表》 蒋和著。附刊在王氏《说文句读》内。

蒋氏此表，用谱系的方法：有当行直系者；有跳行相系者；有平线相系者；有曲线横系者。——表为蒋氏所创，王筠校正，较上列各书为善，可本此求据形系联的形迹，但亦无甚深义。

8.《文始》九卷　章太炎著。浙江书局《章氏丛书》本。

此书不用五百四十部旧部首，删去不纯粹的初文，存准初文五百十文，用变易、孳乳两例，演成五六千文字，可说是创作；但其条例，不便初学，因其孳乳一例，大概以声相通转，不深明音韵原理的，不能读此书。

章氏所举准初文，尚不是纯粹的文始；著者前曾约为一百零七文，比较章氏所举纯粹些。

（壬）关于《说文》新补字，新附字，逸字：

许氏《说文解字》，现在只存大小徐两种传本；大徐本流传较广。大徐书有新补十九文，新附四百二文。关于新补，徐氏说："一十九《说文》阙载，注义及序例偏旁有之，今并录于诸部。"据徐氏的条例，凡注义、序例、偏旁所有《说文》所无的，都应该补入；但是，有许多字偏旁有而《说文》正文没有的（例如"筎""浏"等字，从"刘"声，《说文》无"刘"字），徐氏并没有补入，可见徐氏新补的十九文，是不完备的。徐氏解释新附的条例："有经典相承传写，及时俗要用，而《说文》不载者，承诏皆附益之，以广篆籀之路；亦皆形声相从，不违六书之义者。"徐书新附一例，实出于太宗的意见；但仅仅四百二文，搜集亦不完备。

段氏《说文解字注》，关于新补诸文，颇有弃取，并申述弃取理由：读段氏书的，可自求之。

著书专论新补的，有下列二书：

1.《说文新附考》六卷《说文续考》一卷　钮树玉著。清同治戊辰刊，碧螺山馆校补非石居原版。

2.《说文新补新附考证》一卷　钱大昭著。大昭为竹汀之弟，著《说文统》六十卷，其例有十：（一）疏证以佐古义；（二）音切以复古义；（三）考异以复古本；

（四）辨俗以正讹字；（五）通义以明互借；（六）从母以明孳乳；（七）别体以广异义；（八）正讹以订刊误；（九）崇古以知古字；（十）补字以免漏落。此卷即六十卷中之一；清道光间，竹汀师孙璟，以全书纷繁，先刊此卷，兵燹后版零落，光绪二十六年南陵徐氏重刊，编入《积学斋丛书》中。

以上两书，所考十九文新补，颇有异同；例如新补"诏"字，钮氏说："通作召"；钱氏说："古文诏为绍。"学者读其全书，证以各家的意见，自能明白的。

新附诸文，段氏《说文解字注》完全删去；其他诸家，或有附录的。著者以为徐氏既为附录，不与本书相乱，不妨存之，段氏未免太严。

著书专论新附的，除上举两书外，尚有下列郑氏书：

3.《说文新附考》六卷　郑珍著。清光绪重刊，《益雅堂丛书》本。

以上三书，各有异同，各有得失。

经典相承的字，和篆文偏旁所从的字，不见于《说文》的很多，或者说它是"逸字"。段玉裁注《说文解字》，凡偏旁有正文无的，都以为是逸字而补之；严可均著《说文校议》，王筠著《说文释例》，都有《补篆》一篇；王空桐著《说文五翼》，有《拾遗》一卷；张行孚著《说文发疑》，有《说文逸字》一篇；散见各人著作，未曾编为专书。备录段玉裁、严可均、王筠、郑珍诸家的论述，而编纂成书的，有下列张氏书：

4.《说文逸字考》四卷 张鸣珂著。清光绪十三年，寒松阁集本。

此书录段、严、王、郑诸家之说于前，增录《玉篇·音义》于后，其书体例分为十项：(一)原逸，例如"由""免"等字；(二)隶变，例如"嗟""池"等字；(三)累增，例如"芙""蓉"等字；(四)或体，例如"蕴""拭"等字；(五)通假，例如"贻""喻"等字；(六)沿讹，例如"吼""揉"等字；(七)匡缪，例如"棹""櫂"等字；(八)正俗，例如"拖""饪"等字；(九)辨误，例如"窑""鮌"等字；(十)存疑，例如"杂""叵"等字。

或者以为经典相承的字，《说文》不载，并不是逸字；《说文》自有此字当之。钱大昕、陈寿祺，都以经典相承的俗字，在《说文》中求本字(钱、陈著作见后)；如钮氏《说文新附考》之例，辨明《说文》的某字，即经典的某字，本此例著书的，有下列雷氏书：

5.《说文外编》十五卷《补遗》一卷 雷浚著。清光绪间雷氏八种本。

此书有二例：(一) 经字，四书群经的字；(二) 俗字，《玉篇》《广韵》的字。

或者以为近世指为《说文》逸字二百余字，的确是许氏偶逸，或校者误夺的，不过数字；其余都不是逸字。下列王氏书，即本此说。

6.《说文逸字辑说》四卷　王廷鼎著。清光绪十五年紫薇华馆刊本。

此书在辨明各家对于逸字主张的错误，全书分二例：(一) 辨明从某声之字，《说文》所无者，非逸字；(二) 辨明《说解》中所有正篆所无者，非逸字。

此外有郑珍著《说文逸字》一书，著者架上未有，故未列入。

(癸) 关于《说文》引经：

《说文》九千三百五十三文，不见于经典的很多；钱大昕主张《说文》的文字，都是经典中通行的文字；即现在经典中有，而《说文》中没有的，《说文》必有一字当之。著《说文答问》，说明此例。陈寿祺著《说文经字考》补钱氏的不及。又有承培元本钱氏书例，著《广说文答问疏证举例》，除群经外，兼及《庄子》《淮南子》《国语》《国策》《史记》《汉书》等书。——钱氏书有薛传均疏证，极通行。陈氏书在其《左海集》中。上举三书，倘合编之，则经典和《说文》通假的字，便便利检查了。此外类此的著作，有下举五种：

1.《说文解字通正》十四卷 潘奕隽著。此书成于清乾隆四十六年；刘氏《聚学轩丛书》本，《许学丛书》内《说文蠡笺》即此书。书例分别正义、通义；正读、通读，足辅助读六经诸史。

2.《说文解字群经正字》二十八卷 邵桐南著。书成于清嘉庆十七年，流传很少；吴兴陆氏十万卷楼有藏本；后归日本岛田彦桢，荆州田氏又从岛田处得之；辛亥武昌之役，田氏藏书散失，展转入于邵氏后裔启贤手，民国六年据原本影印。

此书凡偏旁，点画的错误，都考之《说文》，一一标识，很便检查。

3.《易书诗礼四经正字考》四卷 钟璘图著。吴兴刘氏刊本。

钟氏以为群经的文字，多从隶变，因据《说文》本字，著《十三经正字考》，全书散佚，今仅存《易》《书》《诗》《周礼》四经。书略本钱氏《说文答问》的体例，并取《尔雅》《释文》诸书，以疏证之。

4.《说文辨字正俗》四卷 李富孙著。书成于清嘉庆二十一年；校经顾刊本。

李氏以为世俗相承的文字，多违背古义，学者都说是假借；其实《说文》自有本字，有得通借的；有不得通借的，著此书据经典以证明之。

5.《经典通用考》十四卷　严章福著。书成于清咸丰年间，吴兴刘氏刊本。

此书以十三经假借字，依《说文》部次，而以正字别之。

合以上诸书观之，（一）可明隶变的失误；（二）可通假借的形迹。隶变的失误，于文字学关系很浅；假借的形迹，则为研究文字学者所不可不知的事。大概经典相承，大多用假借，如不知本字，即不能通晓借字。段玉裁、朱骏声的著作，于假借都很注意；朱氏每于借字寻得本字，不过拘于同部，条例太狭。学者求假借的证据于上列各书中，再致力于章太炎所著《文始》和《小学答问》，明双声相借的条例，旁转对转的原则，对于假借，当可以明白了。

6.《文始》　见前。

7.《小学答问》　章太炎著。《章氏丛书》本，浙江书局刊。

两汉经学，分今文古文两派；两派注经，文字不同的很多；即同属一派，文字亦多错出，这是因口授笔记的缘故。许叔重著《说文解字》，引经九百六十五条，大半与今日通行经典文字不同；或者以为传写谬误，应据《说文》所引，以为订正；不知《说文》经典异同之处，传写谬误固亦常有，学派与授别的不同，实为多数，许氏虽从事古文，称引不废今文；于是治文字学者，对于《说文》的引经，为异同之研究的，有下列四种著作：

8.《说文引经考》二卷 吴玉搢著。书成于清乾隆元年；今通行者《咫进斋丛书》本及光绪间重刊本。

此书取《说文》所引经字，与今本较有异同：(一)与今本异而实同者；(二)可与今本并行不悖；(三)今本显失，不能不据《说文》以正其误者：都一一标出，虽不尽当，大致尚可观。

9.《说文引经考异》十六卷 柳荣宗著。书成于清咸丰五年。

此书取《说文》所引经字，究今古文的区别；明通假的形迹，凡许书所引《尚书》异字，段氏订为古文者，柳氏订为今文。诸经文异者，由声义求之，较吴书为精。

10.《说文经典异字释》一卷 高翔麟著。书成于清道光十五年，光绪刊本。

此书陋略不足观。——以下两书，在发明许氏引经的条例。

11.《说文引经例辨》三卷　雷深之著。书成于清光绪间，雷氏八种本。

陈瑑著《说文引经考》八卷（此书著者未见），雷深之驳之，指出其病端六项：（一）不知《说文》引经之例，而以为皆《说文》本义；（二）不知正假古今正俗之异，一切以为古今字；（三）不明假借；（四）置《说文》本义不论，泛引他书之引申假借义，以为某字本有某义；（五）于义之不可通者，曲说以通之；（六）称引繁而无法，检原书多不合。——雷氏既驳陈氏之书，即自著此书，发明许氏引经的条例凡三项：（一）本义所引之经，与其字之义相发明者；（二）假借所引之经，与其字之义不相蒙者；（三）会意所引之经，与其字之义不相蒙，而与从某某声相蒙者。

12.《说文引经证例》二十四卷　承培元著。书成于清光绪间，在雷书之后，今通行的，广雅书局刊本。

此书较雷氏书精密，举《说文》之例十七：（一）今文；（二）古文；（三）异文；（四）证字；（五）证声；（六）证假借作某义；（七）证偏旁从某义；（八）证本训外一义；（九）称经说而不引经文；（十）用经训而不著经名；（十一）隐括经文而并其句；（十二）删节经文而省其字；（十三）引一经以证数字；（十四）引两经以证一字；

（十五）引《毖纬》称《周礼》;（十六）引《大传》称《周书》;（十七）引《左氏传》称《国语》。

13.《汉书引经异文录证》六卷　缪佑孙著。清光绪刊本。

此书虽与《说文》引经无关，亦可参考。

第二章　形体辨正

自从篆变为隶，又变为草书真书；向壁虚造的文字渐多，魏晋以后，到南北朝，俗书伪体的文字更多；以致经典文字，无从究诘。例如“辞”“乱”从“舌”，“恶”上从“西”，“蜀”为“苟”身，“陈”为“东”体等，不一而足。因此专辨正形体错误的，有下列各书：

1.《干禄字书》一卷　颜元孙著。《小学汇函》据石刻本。

此书根据义理，辨正体画，由元孙侄真卿书写。

2.《分毫字样》 失名　附《玉篇》后。专辨体近义异的文字。

3.《五经文字》三卷　张参著。《小学汇函》据唐石刻本，用马氏本补。

此书根据《说文》《字林》《石经》而著；凡一百六十部，三千二百三十五字。

4.《九经字样》一卷 唐玄度著。《小学汇函》据石刻本，用马氏本补。

唐氏以五经文字，传写岁久，或失旧规；因改正五经文字又加扩充，而成此书，凡七十六部，四百二十一字。

以上诸书，都是唐人著作；唐以后的关于此类的书，据著者所见过的，有下列八种：

5.《佩觿》三卷 郭忠恕著。《泽存堂丛书》本；又《铁华馆丛书》本。

此书上卷论形声讹变的原因，分为三科：（一）造字；（二）四声；（三）传写。中下两卷，将字画疑似的，以四声分十段：（一）平声自相对；例如"杨"为杨柳，"扬"为扬举。（以下大致如此，不必多举。）（二）平声上声相对；（三）平声去声相对；（四）平声入声相对；（五）上声自相对；（六）上声去声相对；（七）上声入声相对；（八）去声自相对；（九）去声入声相对；（十）入声自相对。——末附篇韵音义异的十五字。又附辨证舛误的一百十九字，是他人所加的。但郭氏原书中，亦有俗字，当分别观之。

6.《字鉴》五卷 李文仲著。《泽存堂丛书》本；又

《铁华馆丛书》本。

此书系更正其叔李伯英所著《类音》而成；依二百六十部韵目分列，如辨“霸”不从西，“卧”不从卜，“豊”“豐”的区别，“鍾”“鐘”的不同等，亦尚可观。

7.《复古编》三卷　张有著。淮南书局翻刻本。

此书根据《说文解字》，辨别俗体的错误；用四声分隶诸字，正体用篆书，别体俗体，附载注中。如：“‘玒’玉也，从玉工；别作‘珙’，非。”后辨六篇：(一)联绵；(二)形声相类；(三)形相类；(四)声相类；(五)笔迹小异；(六)上正下讹。——此书虽剖析至精，但所据《说文》，是徐氏校定本，凡新附的字，都认为正字，错误甚多，读此书的，须用他书参考。

8.《续复古编》四卷　曹本著。归安姚景元钞刊。

此书系扩充张有书而著，收四千余字。于张氏的条例外，加两例：(一)字同音异；(二)音同字异。——此书收字虽较张氏多，但条例未必精密于张氏，如音同字异一类，所收都是重文，字并不异的。

9.《六书正讹》五卷　周伯琦著。明翻刻本。

此书以礼部韵略，分隶诸字；以小篆为主，先注制字的意义，而以隶作某，俗作某辨别于下；亦有牵强的地方，论者以为不如张有的《复古编》。

10.《说文证异》五卷　张式曾著。稿本，有吴大澂序。

此书系推广周氏书而作。书例有二：（一）异义正误；（二）异体并用。

11.《字学举隅》二卷　赵曾望著。民国三年影印手写本。

此书分八例：（一）洗谬；（二）舍新；（三）补偏；（四）劈溷；（五）观通；（六）审变；（七）明微；（八）谈屑。——无甚精谊。

12.《篆诀》不分卷　甘受相著。清嘉庆刊本。此书没有什么价值。

以上各书，于文字学上没有重要的价值；即正俗的辨别，亦未能尽合。如能整理一遍，删去错误和重复，合成一书，对于学者很有益的。

第三章　古籀与小篆

许叔重《说文解字》自叙说："重文一千一百六十三。（按今覆毛初印本，与孙、鲍二本，都是一千二百八十；毛刓改本，一千二百七十九。）重文即古文、籀文、或体三种。或体这里不讲；古文、籀文，以今日出土的金文证之，多不符合，因此发生研究的问题。"（参看上篇第六章，这里不赘述。）

1.《说文本经答问》二卷　郑知同著。广雅书局刊本。

此书专为驳段玉裁论古籀而作。段氏论古籀说："小篆因古篆而不变者多有；其有小篆已改古籀，古籀异于小篆者，则以古籀附篆之后，曰：'古文作某''篆文作某'，此全书之通例也。其变例则先古籀后小篆。"又说："许书法后王，遵汉制，以小篆为质，而兼录古文籀文。所谓：

今叙篆文，合以古籀也。小篆之于古籀，或仍之；或省改之。仍者十之八九；省改者十之一二。仍则小篆皆古籀也，故不更出古籀。改则古籀非小篆，故更出之。”——郑氏驳段氏这段话的理由，可举下列数项：（一）《说文》叙：“今叙篆文，合以古籀。”今欲识许君之书，当先辩“篆”与“合”字。（二）“篆”《说文》解为“引书”，是引笔而书的意思，意在申明不用汉世隶法作书；不是秦小篆的字体。（三）“合”是相合不背的意思；合籀即是字体不背古籀，意在申明不杂取汉世俗书羼入；不是说“立小篆为主，会合古籀出之”的意思。著者按，张怀瓘《书断》：“《史籀》十五篇，史官制之，用以教授，谓之史书，凡九千字。秦焚书，惟《易》与《史篇》得全；许慎《说文》十五卷，九千余字，适与此合；故先民以为慎即取此说其文义。”又吾邱衍《学古篇》说，“《苍颉》十五篇，即《说文》目录五百四十字”。郑氏的主张，略本于此；不过说“篆”是笔法书写，略不同。——著者以为段氏的主张，精密通达，决不是郑氏足以驳难的。

2.《史籀篇疏证》一卷　王国维著。《广仓丛书》本。

3.《史籀篇叙论》一卷　同上。

4.《汉代古文考》一卷　同上。

王氏对于古籀的主张，可参看上篇第六章。

第四章　金文

金文或名钟鼎文，文字皆古籀之余；所以关于金文的著作，大都可作古籀的参考。

1.《钟鼎款识》　薛尚功著。有石印通行本。

2.《啸堂集古录》　王俅著。商务印书馆影印《续古逸丛书》本。

3.《金石索》　石印通行本。

4.《西清古鉴》　有石印通行本。

5.《恒轩吉金录》　清光绪十一年印本。

6.《匋斋吉金录》　有影印本。

7.《愙斋集古录》　商务印书馆影印本。

8.《殷文存》　广仓学窘影印本。

9.《周金文存》　广仓学窘影印本。

以上三种影印本，极可贵；但其中不无真伪的混杂，须分别观之。

10.《积古斋钟鼎款识》 阮元著，有石印通行本。

11.《古籀拾遗》 孙诒让著。清光绪时刊本。

以上诸书，研究文字学者，虽不能尽备，亦当选买两三种。——7、10、11 三种最佳。

第五章 说文中古籀

古籀之学，有一个问题足供研究的，即金文之古籀，与《说文》之古籀，不很符合。论者以为钟鼎之古籀，是成周的文字；《说文》的古文，是晚周文字，此说是否确定，尚待研究。《说文》之古籀，与新出土之三体石经，符合的很多；石经中之古文，多收于《汗简》，《汗简》一书，学者多疑为不真；三体石经出土，可以证明《汗简》自有相当的价值。《汗简》系郭忠恕编，所引古文，凡七十一家；此七十一家之书，存于现在的，不及二十分之一；所引石经既不误，其他诸家，当然在可信之列。经郑知同笺正，书更可读。

1.《汗简笺正》八卷　郭忠恕编，郑知同笺正。广雅书局刊本。

2.《六书分类》十三卷　傅世垚著。清康熙时刊。近有石印通行本。

此书以真书笔画的多寡分部，先列真书；次列小篆；次列古文。古文的搜辑，多而且杂，但查检很便。

3.《同文备考》八卷　王应电著。明刊本。

此书不足重。

4.《说文古籀补》十四卷《附录》一卷　吴大澂著。清光绪戊戌湖南重刊本佳，石印行者，据初刊本，比重刊本少一千二百余字。

此书选录最审慎，因吴氏藏拓本极多，见识广，辨别自审。

5.《说文古籀疏证》六卷　庄述祖著。苏州潘氏刊本。

此书别有条例，且系未成之书，颠倒凌乱，在所不免。

6.《文源》十二卷　林义（原书为“羲”）光著。民国九年影印手写本。

此书以象形、指事、会意、形声说古文，可谓创作，但师心自用的地方很多。

7.《名原》二卷　孙诒让著。清光绪刊本。

此书分目有七：（一）原始数名；（二）古章原篆；（三）象形原始；（四）古籀撰异；（五）转注楬橥；（六）奇字发微；（七）《说文》补缺。

8.《字说》一卷　吴大澂著。有石印通行本。

此书虽寥寥数篇，极有精意。

第六章　甲骨文字

甲骨文字的说明，参看上篇第六章。

1.《铁云藏龟》 刘鹗著。清光绪影印本。

2.《殷虚书契前编》八卷　罗振玉著。罗氏日本影印本极精。

3.《殷虚书契后编》二卷　罗振玉著。广仓学窘影印本极精。

4.《殷虚书契精华》 罗振玉著。罗氏日本影印本极精。

5.《戬寿堂所藏殷虚文字》 广仓学窘影印本。

以上诸书，专拓印甲骨文字。根据甲骨文字考证研究的，有下列诸书：

6.《殷商贞卜文字考》一卷　罗振玉著。玉简斋印本。

此书分四篇：（一）考史；（二）正名；（三）卜法；（四）余说。考史、卜法、余说，与文字学无关，不必列举。正名一篇分四项：（子）知史籀大篆即古文，非别有创改；（丑）知古象形文字，第肖物形，不必拘拘于笔画繁简异同；（寅）可以古金文相发明；（卯）可纠正许书之违失。

7.《殷虚书契考释》 罗振玉著。罗氏日本影印手写本。（王国维手写）

此书分八篇：（一）都邑；（二）帝王；（三）人名；（四）地名；（五）文字；（六）卜辞；（七）礼制；（八）卜法。文字一篇分三项：（子）形义声悉可知者：约五百字（重文不计）；（丑）形义可知而声不可知者，约五十余字；（寅）声义胥不可知，而见于古金文者，约二十余字。

8.《殷虚书契待问篇》 罗振玉著。罗氏日本影印手写本。

此书撮录不可遽释的字，得千余，合重文共一千四百余。

9.《戬寿堂所藏殷虚文字考释》 王国维著。王氏影印手写本。

此书亦颇有发明。

10.《殷契类纂》 王襄著。王氏影印手写本。

此书最录可识的文字八百七十三；重文二千一百十；

凡二千九百八十三为“正编”。难确识的文字凡一千八百五十二为“存疑”。不能收入存疑的字，凡一百四十二为“待参”。合文二百四十三为“附篇”。此书虽少发明，但查检很便。

此外可供参考的，有下列诸书：

11.《藏龟之余》 罗振玉著。日本印。

12.《龟甲兽骨文字》二卷　日人林泰辅编。商周遗文会印。

13.《簠室殷契征文》二卷　王襄著。民国十四年印。

14.《簠室殷契征文考释》 王襄著。民国十四年印。

15.《契文举例》二卷　孙诒让著。《吉石盦丛书》本。

16.《铁云藏龟拾遗》 叶玉森著。民国十四年印。

17.《说契》 叶玉森著。民国十二年印。

18.《研契枝谭》 叶玉森著。民国十二年印。

19.《殷契钩沉》 叶玉森著。民国十二年印。

20.《殷虚书契考释小笺》 陈邦怀著。民国八年印。

21.《殷虚文字类篇》 商承祚著。民国十二年印。

第七章　隶书

关于隶书的说明，可参看上篇第八章。

1.《隶释》二十六卷　洪适著。有通行本。

2.《隶续》二十一卷　洪适著。有通行本。

汉人隶书，存于今世，碑碣多有之。其摹刻为书的，始于宋欧阳修、赵明诚，但摩挲古物的旨趣多；研究学问的旨趣少，洪氏作《隶释》《隶续》《隶纂》《隶韵》四书，颇有益于学问；现在《隶纂》《隶韵》二书已佚，仅此二书存在。

此二书每篇依原文字写之，以某字为某字，具疏其下，校刊虽精慎，检查则不便利；究竟宜于考古家，而不宜于学问家。

3.《隶辨》八卷　顾蔼吉著。书成于清乾隆，同治间有重刊本。

此书为解经而作。书例采摭汉碑，不备者本之《汉隶字原》；本《说文》辨其正、变、省、加，以四声分类，易于检查。注碑名于下，便于考证。又依《说文》次第，纂偏旁五百四十字，概括其枢要。又列叙诸碑名目，折中分隶之说，各为之考证。颇便利学者。

4.《金石文字辨异》十二卷　邢（原书为“刑”）佺山著。刘氏聚学轩刊本。

此书搜集不限汉代，凡所见唐宋以前金石，和宋元刊本的《隶释》《隶续》等书，皆为采取，异体极多，足供参考。以韵为类，略同《隶辨》，而精深则不及。

5.《隶通》二卷　钱庆曾著。徐氏积学斋刊本。

此书体例，已见上篇，读者可参看。

6.《汉碑征经》一卷　朱百度著。广雅书局刊本。

此书专补顾氏《隶辨》之缺，很多新得。

7.《碑别字》五卷　罗振鉴著。食旧堂刊本。

罗氏系罗振玉兄；此书搜辑异体，无所发明。

8.《六朝碑别字》一卷　赵之谦著。商务印书馆影印手写本。

此书无足取。

编后记

《文字学ABC》1929年由上海世界书局初版，列入世界书局“ABC丛书”。本次出版，我们以世界书局1933年1月出版的第6版为底本，并改竖排繁体为横排简体。同时参考了岳麓书社2011年7月出版的本书版本。

在编辑过程中，依据《通用规范汉字表》和标点符号用法，修改了个别字形和标点。对原文中因作者误记而导致的内容差错，则以按语的形式予以指出，并用不同的字体以示区别。为保证此次出版的质量，特邀请中国社会科学院语言研究所董琨研究员审读了校样，对其审读意见多有采纳。

我们还专门邀请到了相关学者撰写导读，相信这对于广大读者更深入地理解该书当不无裨益。

书中错误由编辑部负责，希望读者批评指正。